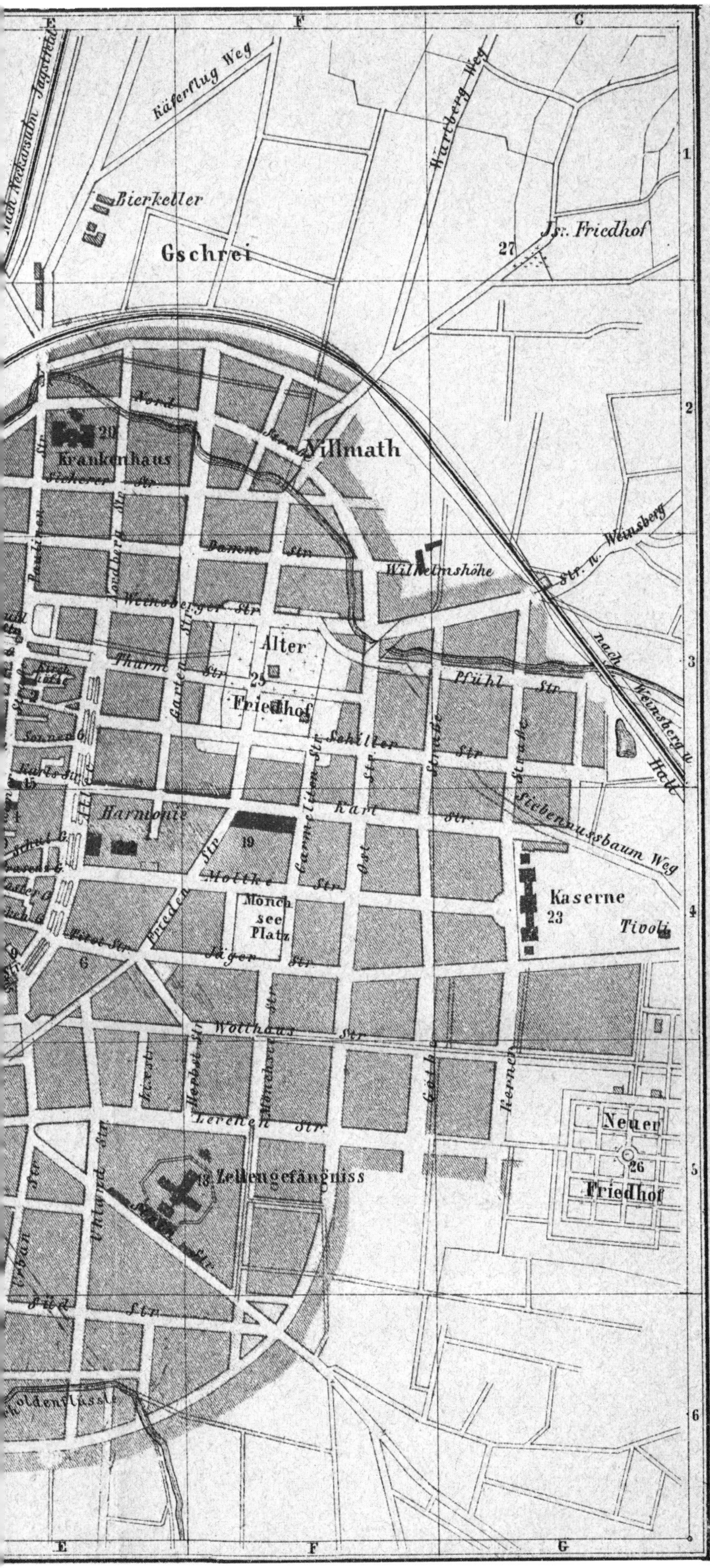

1. St. Kilianskirche E 4.
2. St. Nikolaikirche E 3.
3. St. Peter und Paulkirche D 4.
4. Hafenmarktsthurm E 4.
5. Evang. Vereinshaus D 4.
6. Synagoge E 4.
7. Landgerichtshof D 4 (früher das Deutsche Haus).
8. Amtsgerichtsgeb. E 5.
9. Oberamt E 4.
10. Cameralamt E 4.
11. Rathhaus D 4.
12. Götzenthurm D 4.
13. Altes Schlachthaus D 4.
14. Schiesshaus C 4.
15. Dekanathaus E 3.
16. Bahnhof C 4.
17. Wollhalle E 4. 5.
18. Zellengefängniss E F 5.
19. Gymnasium, Turnhalle, Pensionat F 4.
20. Krankenhaus E 2.
21. Gewerbehalle E 4.
22. Harmoniegebäude E 4.
23. Kaserne G 4.
24. Schlachthaus B 4.
25. Alter Kirchhof F 3.
26. Neuer Friedhof G 5.
27. Israel. Friedhof G 1.

Uwe Jacobi

Heilbronn – so wie es war

Uwe Jacobi

HEILBRONN

so wie es war

Droste Verlag

CIP-Kurztitelaufnahme der Deutschen Bibliothek

Heilbronn – so wie es war / Uwe Jacobi. –
Düsseldorf: Droste 1987.
(Fotografierte Zeitgeschichte)
ISBN 3-7700-0746-8
NE: Jacobi, Uwe (Bearb.)

© 1987 Droste Verlag GmbH, Düsseldorf
Redaktion und Layout: Kitty Rehmer
Gesamtherstellung: Rheindruck Düsseldorf GmbH
Lithos: Droste Reprotechnik
ISBN 3-7700-0746-8

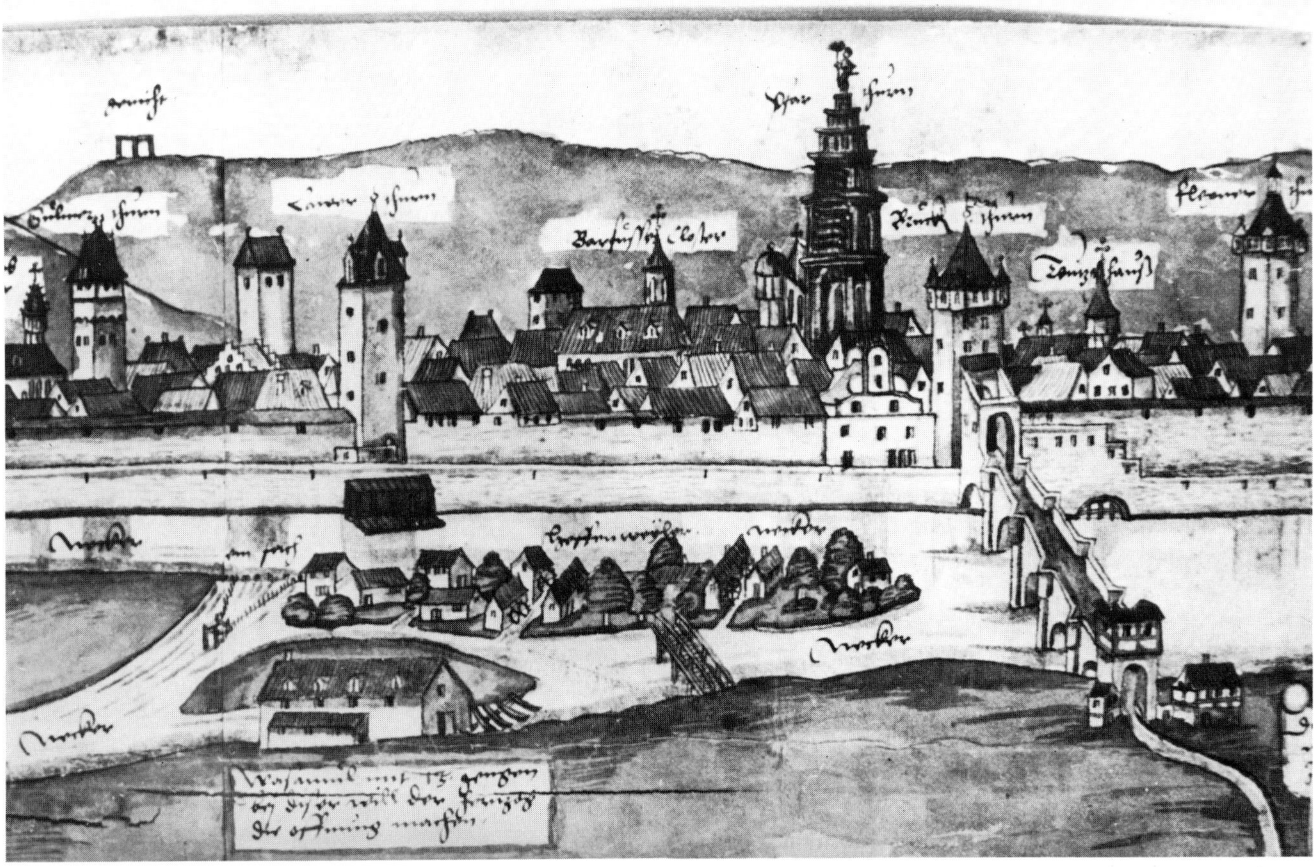

Die älteste bekannte Darstellung der Reichsstadt Heilbronn aus der Mitte des 16. Jahrhunderts: Neckar mit Steinbrükke, Inseln und Mühlen, der Kiliansturm überragt die Türme und Bürgerhäuser der Stadt, im Hintergrund links der Galgenberg (Federzeichnung)

Die Schöpfungsgeschichte

Während der liebe Gott die Menschen formte, machte er immer wieder eine Pause, um sich am Saft der himmlischen Weinberge zu laben. Stets kamen ihm neue Gedanken, welche Vorzüge er den Irokesen, den Römern, den Chinesen und all den anderen Völkern geben sollte. Zwei gefielen ihm besonders: der Schwabe, ein gemütlicher Kerl mit dem Hang zum Dichten und Tüfteln, und der Franke, ein temperamentvolles Schlitzohr mit weltmännischem Weitblick.
»A bissle von dem und a weng von dem müßte ein gute Mischung geben«, meinte der Herrgott und ließ sich vom Erzengel Gabriel einen der ältesten Jahrgänge aus dem himmlischen Weinkeller reichen. Genußvoll schlotzte er das Manna und machte sich alsbald ans Werk. Den Oberkörper formte er nach schwäbischer Art, beim Bauchnabel ging er zum fränkischen Schlag über.
Wohlgefällig blickte der liebe Gott auf die vollendete Gestalt. »Ein Prachtskerl!« Sprach's und griff zum Becher, um seine Schöpfung zu feiern. Daß der Herr vielleicht ein bißchen zu viel des himmlischen Weins getrunken haben könnte, wagte später keiner der Engel auch nur flüsternd zu verbreiten. Tatsache aber war, daß ein paar Tropfen des Weins das Geschöpf benetzten, das Gottvater soeben geschaffen hatte.
Der Allwissende bemerkte das Mißgeschick natürlich sofort und machte daraus eine Tugend: »Das gibt eine Frohnatur!« Da ihm die Gefahr bewußt war, daß bei diesem Menschenschlag der Wein übermächtig werden könnte, suchte er auf dem Erdenball besonders sorgfältig nach einem Ort, an dem er diese Gattung Mensch ansiedeln könnte.
Bei dem göttlichen Rundblick entdeckte der Herr den idyllischen Landstrich zwischen den Reben des Wartbergs und den damals noch klaren Wassern des Neckars. Zur großen Freude des lieben Gottes sprudelte just mitten drin ein heiliger Brunnen; damit war auch für den rechten Glauben gesorgt.
So kam der Heilbronner auf die Erde.
Der schwäbisch-fränkische Mensch wuchs und gedieh, mal mehr Schwabe, dann wieder Franke, manchmal beides zusammen oder auch durcheinander, auf jeden Fall stets ein Heilbronner. Daß einer wie er das Gesetz von der Erhaltung der Energie entdeckte, war kein Zufall. Die Taufe mit himmlischem Wein tat und zeigt noch immer Wirkung.

Der Siebenröhrenbrunnen an der Kilianskirche um 1904: Symbol für die Quelle, der Heilbronn seinen Namen verdankt

Uraltes Siedlungsland

Der »Heilbronner Mensch« hat mutmaßlich das gleiche Alter auf dem Buckel wie sein berühmter Nachbar »Homo heidelbergensis«. Archäologen erwarten, daß eines Tages im Hochterrassenschotter der Heilbronner Mulde die Überreste eines ebenfalls bis zu 600 000 Jahre alten Urmenschen gefunden werden wie bei Heidelberg. Bis zum Auftauchen des ersten »Homo helibrunnae« gilt ein 60 000 Jahre altes Feuersteinmesser aus Neckargartach als älteste Menschenspur.
Heilbronn ist uraltes Siedlungsland. Seit der Jungsteinzeit laden der schiffbare und fischreiche Fluß, unerschöpflicher Lößboden, warme Berghalden und die wald- und wildreichen Höhen immer mehr Menschen zur Seßhaftigkeit ein. Zur Blütezeit an Euphrat und Tigris stehen am Neckar die ersten Dörfer.
Die Heilbronner Mulde wird zu einer Drehscheibe der Völker zwischen Pariser und Prager Becken, Nordsee und Mittelmeer. Nach den Bandkeramikern kommen 500 v. Chr. die Kelten als erstes namentlich bekanntes Volk. Die Römer bauen 85/90 n. Chr. am linken Flußufer beim heutigen Stadtteil Böckingen ein Kastell. Nach dem Fall des Limes 259/260 n. Chr. dringen die Alemannen ins Heilbronner Becken ein.

Als Gründer der Stadt werden die Franken gerühmt, die um 500 n. Chr. die Alemannen besiegen. Der fränkische Königshof rechts des Neckars, nur einen Steinwurf vom heutigen Rathaus entfernt, wird Keimzelle für die Stadt. Die älteste Urkunde, in der Heilbronn erwähnt wird, stammt von 822 n. Chr. und berichtet aus der Zeit 741 bis 747 n. Chr.; damals hat der fränkische Hausmeier Karlmann dem Bistum Würzburg eine Michaelskapelle in »villa helibrunna« geschenkt. Ihren Namen schöpft die Stadt aus einer Quelle. Umstritten ist, ob die erste Heilbronn-Silbe nun heilig, heilend oder »heili« (angenehmer, Erfrischung bietender Ort) bedeuten soll.
Der Siebenröhrenbrunnen (1904) an der Kilianskirche erinnert an die namensgebende Wasserstelle; sieben Röhren symbolisieren, daß Heilbronn zu den »sieben guten Städten« des Landes gehöre. Vorgängerin ist eine große Brunnenanlage mitten in der Kirchbrunnenstraße gewesen, die 1868 eingeebnet worden ist.
Viele Legenden sprudeln aus der Quelle, die einst heidnische Kultstelle gewesen sein soll. Die Sagen erzählen, allhier habe St. Michael einen Drachen besiegt, der irische Mönch und spätere Bischof Kilian die ersten Christen getauft und Karl der Große als Dank für erfrischenden Trunk den Bau eines Klosters befohlen.

Götz von Berlichingen (1480–1562): Zwischen dem Ritter mit der eisernen Hand, die er nach eigenen Konstruktionsplänen von einem Schmied anfertigen ließ, und der Reichsstadt Heilbronn bestehen viele Beziehungen. Seine Burg Jagsthausen liegt in der Nähe, dreieinhalb Jahre lang lebte er als Gefangener zum Großteil mit Ehefrau und Kindern in einem Heilbronner Gasthof, und seine Lebensbeschreibung, die Goethe zum Drama anregte, widmete er zwei Heilbronner Freunden. In der Beurteilung schwankt er zwischen Goethes Freiheitskämpfer und dem Raubritter der Geschichte (Originalgemälde in der Götzenburg zu Jagsthausen)

Die letzten Zeugen der alten Stadtmauer am Neckarufer: Götzenturm mit Allerheiligenstraße um 1913 (links) und Bollwerksturm um 1940. Der rechteckige Götzenturm (1392) hat nichts mit dem Ritter mit der eisernen Hand zu tun; nur weil Götz von Berlichingen in Goethes Drama entgegen der historischen Wahrheit vor einem solchen Turm stirbt, hat man dem südwestlichen Eckpfeiler der ehemaligen Stadtbefestigung diesen Namen gegeben. Richtiger wäre, den runden Bollwerksturm (13. Jahrhundert) als Götzenturm zu bezeichnen; hier verbrachte Götz 1519 eine Nacht als Gefangener. Beide Türme gehören zu den wenigen Bauwerken, die den Krieg überstanden haben. Der Neckarlauf hinter dem Bollwerksturm wurde mit den Trümmern der Stadt zugeschüttet

Die Reichsstadt

Als Stadtrepublik bestimmt Heilbronn ein halbes Jahrtausend lang seine Geschicke selbst, untertan nur dem Kaiser. 1281 hat der Habsburger Rudolf I. das erste bekannte Stadtrecht verliehen.
Zu dem zwischen Württemberg, Pfalz und Hohenlohe eingezwängten Territorium der Reichsstadt gehören die Dörfer Neckargartach, Böckingen, Flein und Frankenbach. Die rechteckig angelegte Stadt selbst schützt sich mit einer 2400 Meter langen Mauer und zehn Türmen.
Der Fluß und der »pesst Neckerwein« machen stark, Patriziat und Handwerker, Weingärtner und Ackerbauern prägen die Frühzeit. Als der Schwerpunkt des Weltverkehrs vom Mittelmeer auf den Ozean schippert, blüht die Stadt als Umschlagplatz für Süddeutschland zur Hafen- und Handelsmetropole auf.
Geistig entfaltet sich reges Leben. Neben Klöstern gibt es Pläne, die Lateinschule zur Universität auszubauen. Die gotische Kilianskirche wird mit dem Kiliansturm im Renaissancestil gekrönt. Im Zeichen der Reformation bekennt sich der Rat 1530 zum Protestantismus. 1744 erscheint die erste Heilbronner Zeitung.
Während des Bauernkriegs tagt 1525 in Heilbronn das Bauernparlament, der »Neckartaler Haufen« kämpft unter Jäklein Rorbach aus Böckingen und Götz von Berlichingen. Im Dreißigjährigen Krieg verbünden sich 1633 beim »Heilbronner Konvent« die protestantischen süddeutschen Reichsstände mit Schweden. Französische Truppen besetzen im pfälzischen Erbfolgekrieg die Stadt.
Von Goethe, der Heilbronn 1797 besucht, stammt eine bemerkenswerte Beschreibung der Verhältnisse kurz vor dem Ende der reichsstädtischen Epoche:
»Wenn man sich einen günstigen Begriff von Heilbronn machen will, so muß man um die Stadt gehen. Die Mauern und Gräben sind ein wichtiges Denkmal der vorigen Zeit . . . Eine schöne Allee führt um den größten Teil des Grabens. Sie besteht aus Linden und Kastanien, die als Gewölbe gehauen und gezogen sind; die Gärten stoßen gleich daran in größeren und kleineren Besitzungen.« Die Stadt sei »ihrer glücklichen Lage, ihrer schönen und fruchtbaren Gegend nach auf Garten-, Frucht- und Weinbau gegründet« worden. »Die Obrigkeit besteht aus lauter Protestanten und Studierten. Sie scheint sehr gut zu haushalten.«

Goethe über die Heilbronner: »Manns- und Frauenpersonen gehen ordentlich, aber nicht sehr modisch gekleidet . . . Die Menschen sind durchaus höflich und zeigen in ihrem Betragen eine gute natürliche, stille, bürgerliche Denkart . . . Die Mägde sind meist schöne, stark und fein gebildete Mädchen und geben einen Begriff von der Bildung des Landvolks.«

Käthchen von Heilbronn: In dem »großen historischen Ritterschauspiel« von Kleist liebt die Tochter des Waffenschmieds Friedeborn abgöttisch den Grafen Wetter vom Strahl, der in der Holunderszene durch die Worte der Schläferin erkennt, daß sie seine »Traum«-Frau ist. Als »Urkäthchen« (oben) gilt die Bürgermeisterstochter »Lisette« Kornacher (1773–1858), von deren somnambuler Krankheitsgeschichte Kleist gehört habe. Heute meint man, der Dichter, der Heilbronn nie besucht hat, sei durch eine Sage oder die reichsstädtische Bedeutung von Heilbronn angeregt worden. Auf Kleists Spuren gibt es viele Gedichte und Erzählungen ums »Käthchen« (links oben)

Das »Käthchen« mit den langen Zöpfen, mal blond, mal schwarzhaarig, ist eine beliebte Heilbronner Symbolfigur. Hier schmückt es eine Postkarte mit dem Käthchenhaus am Marktplatz um 1918. Weil das gotische Patrizierhaus als eines der wenigen Steinhäuser in der Fachwerkstadt besonders auffiel, gab man ihm diesen Namen, ohne daß es eine Beziehung zum Theaterstück oder zu den Urkäthchen-Theorien hat

Oberamtsstadt zur Biedermeierzeit um 1835 auf Lithographien der taubstummen Brüder Louis und Fritz Wolff: Blick über den Marktplatz auf den Kiliansturm. Mitte: Hafenmarkt. Unten: Sülmerstraße mit Hafenmarktturm

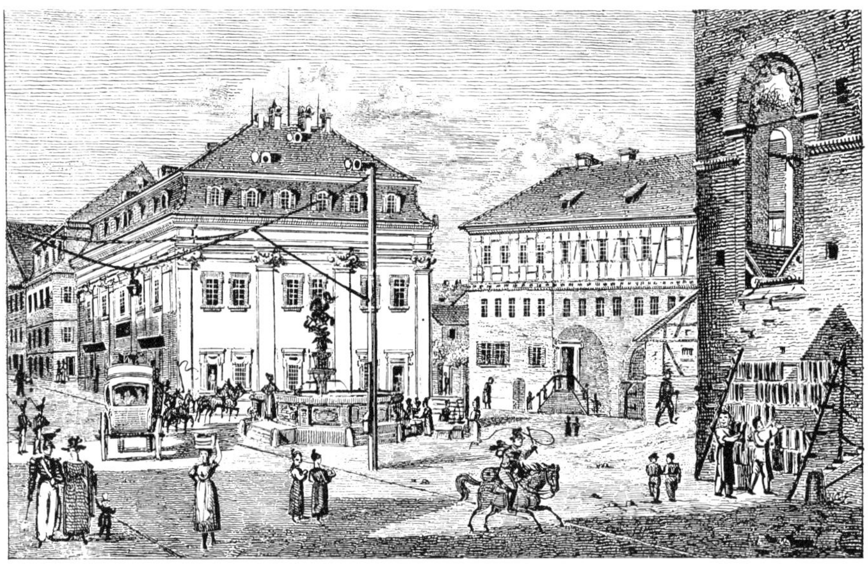

»Wärdeberchisch!«

Mit dem Einmarsch von 470 Mann württembergischer Truppen unter Generalmajor Gustav Heinrich von Mylius endet am 9. September 1802 die reichsstädtische Herrlichkeit von Heilbronn. Napoleon ist nicht an allem, aber immerhin auch an diesem Machtwechsel schuld. Nach seinem Sieg über die europäischen Monarchen hat der Korse das linke Rheinufer kassiert; die Fürsten im deutschen Reich werden mit Kirchengebieten und Reichsstädten entschädigt.

Das blühende Heilbronn ist besonders begehrt. Generalmajor Karl Roger von Ribeaupierre, der als Spion des bayerischen Kurfürsten im Frühjahr 1802 die Lage in den schwäbisch-fränkischen Reichsstädten erkundet: »Die Reichsstadt Heilbronn am Neckar mit ihrem kleinen, aber schönen Gebiete ist eines der besten Länder in der anmutigsten Gegend. Eine allgemein geschätzte Regierung gestattet dem zufriedenen Volke den fröhlichen Genuß aller Früchte seines Fleißes.«

Nicht bayerische Rauten, sondern die württembergischen Hirschstangen lösen den Stadtadler ab. An die Stelle des fernen Kaisers in Wien tritt der Fürst im nahen Stuttgart. Am 23. November 1802 wird der Magistrat vereidigt.

Zwiespältige Gefühle bewegen die Heilbronner, die ihre Selbständigkeit verlieren. Steuerschreiber Christoph Ludwig Schreiber (1758–1837) verweigert den Amtseid; er sieht in der Regierungserklärung »ein gemeines Machwerk«, das »insbesondere die Steuerherrn wie württemberger Schreiber« behandle. Nach einer kurzen Abschiedsrede gibt er die Steuerschlüssel ab und verläßt das Rathaus. Peter Bruckmann, der Gründer der Heilbronner Silberwarenfabrik, erfährt in Genf von den Vorgängen in seiner Heimatstadt. Zornig irrt er tagelang plan- und ziellos im Gebirge umher.

Im Haus des letzten »regierenden Bürgermeisters« Georg Christoph Kornacher verkehren schon bald württembergische Offiziere; einer heiratet die jüngste Kornacher-Tochter und Schwester des »Ur-Käthchens«. Der 77jährige Vater stirbt zwei Monate nach dem Amtseid.

Heilbronn taumelt zwischen »Hosiana!« und Schmerz. Bericht eines Zeitgenossen über den ersten Besuch des Herzogs Friedrichs II. in seiner neuen Oberamtsstadt und die Nachwehen:

»Es war eine außerordentliche Feyerlichkeit, die ganze Stadt wurde festlich beleuchtet. Auf dem Marktplatz wurde von den Bürgern der Huldigungseid abgelegt. Nachts ward ein Freyball auf dem Rathhaus, jeder Bürger erhielt 1 Ms. Wein. Der Einzug des Herzogs glich mehr einem Messias: Alles jauchzte und jubelte, freude- und weintrunken, Hosiana! Aber so bald als einst das jüdische Volk seine Stimmung änderte, fast so bald verstummten die großen Schreyer, die das viele Gute, was wir damals genoßen, nicht erkannten u. ihr Heil in einer anderen Regierungsform zu suchen glaubten . . . mit den Veränderungen gingen auch nach und nach alle unsre Freyheiten verloren. Der friedlich u. richtig denkende konnte seinen Schmerz nicht genug unterdrüken über das harte Joch eines willkürlichen u. stolzen Beherrschers.«

Die »Geographie und Statistik Wirtembergs« (1804) preist Heilbronn:

»Es herrscht ein gefälliger freier Ton, eine liebenswürdige Ungezwungenheit, die jeden einnehmen muß . . . wahre Gastfreundschaft gegen Fremde, die überall mit Höflichkeit behandelt werden. Dabei haben die Einwohner einen großen Hang zur Geselligkeit und zum Vergnügen, der sich überall äußert. Die feinere Welt in Heilbronn ist sehr gebildet, und auch der Bürgerstand zeichnet sich sehr zu seinem Vorteil aus. Überhaupt hat sich Heilbronn längst über ihre andern Schwestern, die Reichsstädte, erhoben und das Steife in Umgang, Sitten, Gebräuchen, Kleidern und Häusern abgelegt.«

Bei aller Großzügigkeit nagt tief drinnen Groll und Argwohn gegen den neuen Landesherrn. Als 1808 der inzwischen zum König aufgestiegene Friedrich II. wieder einmal die Stadt besucht, findet zu seinen Ehren ein großer Aufmarsch auf dem Marktplatz statt, bei dem ein Bataillon der »Schwarzen Jäger« paradiert. Weil einer der Soldaten einen falschen Schritt macht, wird er öffentlich mit 25 Stockschlägen bestraft.

Verdutzt schauen die Heilbronner zu. »Gucket!« macht ein Weingärtner in seiner fränkischen Mundart die Mitbürger aufmerksam. »So geht's aam, wammer wärdeberchisch wird!« So gehe es einem, wenn man württembergisch wird!

Ein »Überrestchen alt-reichsbürgerlichen Stolzes« bleibt, wie 1826 der Schriftsteller Karl Julius Weber notiert. Viele Heilbronner sagen nicht »unser König«, sondern »der König von Württemberg«, wenn sie vom Landesherrn sprechen.

Blick in Fleiner Straße. Mitte: Kirchbrunnenstraße mit Brunnenanlage (bis 1868)
Unten: Deutschhofstraße mit Deutschordenshaus und St. Peter und Paul

Tüftler, Künstler, Macher . . .

»Das Gesetz der Erhaltung der Energie ist nicht nur das umfassendste Naturgesetz, das wir kennen«, urteilt die moderne Physik, »sondern es ist auch das bedeutungsvollste Grundgesetz aller Naturerscheinungen.« Der Entdecker dieses Gesetzes, das alle technischen Verfahren regelt und dem selbst der Weltraum gehorcht, gilt als der bedeutendste Heilbronner: Dr. Robert Mayer (1814–1878), Arzt und Naturwissenschaftler. Schlüsselerlebnis für den Sohn des »Rosen«-Apothekers ist 1840 eine Seereise nach Surabaya; unter dem Einfluß der tropischen Hitze, so stellt er fest, ändert sich die Farbe des Blutes. Zuhause beschäftigt sich der Stadtarzt mit einem »neuen System der Physik«, berechnet das mechanische Wärmeäquivalent und formuliert als erster Mensch das Gesetz »Von der Unzerstörlichkeit der Kraft«, 1842 in Justus von Liebigs »Annalen der Chemie und Pharmazie« veröffentlicht.
Unter den Künstlern ragt der Maler Heinrich Friedrich Füger (1751–1818) heraus. Der Heilbronner Pfarrerssohn wird 1783 von Kaiserin Maria Theresia an die Akademie in Wien berufen und 1806 zum Direktor der Kaiserlichen Gemäldegalerie ernannt. Der Meister der Miniaturmalerei ist der gesuchteste Porträtmaler des Hochadels seiner Zeit und gehört zu den Wegbereitern des europäischen Klassizismus in der Malerei. Nach dem Ersten Weltkrieg erblüht in Heilbronn eine schaffensfreudige Malerkolonie um Hanns Reeger, Wilhelm Schäffer, Albert Volk und Willus Brenner.

Porträtmaler Heinrich F. Füger

Denkmal für Robert Mayer um 1895 auf dem Marktplatz vor der Kulisse des Rathauses mit der Kunstuhr. Die Bronzestatue zeigt den berühmten Naturwissenschaftler sitzend, rechts und links des Steinsockels sprudeln zwei Brunnen. Poesievoll wird auf der Rückseite die epochale Erkenntnis von Robert Mayer beschrieben: »Wo Bewegung entsteht, Wärme vergeht, wo Bewegung verschwindet, Wärme sich findet. Es bleiben erhalten des Weltalls Gewalten, die Form nur verweht, das Wesen besteht.« Das Denkmal wurde nach der Enthüllung 1892 auf dem Marktplatz zweimal umquartiert: südliche Allee (1939) und Stadtgarten (1959)

Ein »Frühvollendeter« mit genialischen Zügen ist der Dichter Wilhelm Waiblinger (1804–1830). Nachdem der Sohn eines Heilbronner Kommunalbeamten vorübergehend im schwäbischen Dichterkreis gewirkt hat, zieht es ihn nach Rom. Apollinische Gesänge, elegische Klagelieder, Satiren und ein ungezügelter Lebensgenuß kennzeichnen das kurze Leben des Ruhelosen. Unter den Autoren der Neuzeit sind Otto Rombach, Viktoria Wolff und Herbert Asmodi bekannt.
»Roi des constructeurs« haben die Franzosen den Motorenbauer Wilhelm Maybach (1846–1929) genannt. Der »König der Konstrukteure« zählt zu den Pionieren des Automobilbaus. Mit Gottlieb Daimler richtet er 1882 eine Werkstatt ein und entwickelt 1885 den ersten schnellaufenden Benzinmotor der Welt mit 0,5 PS und Spritzdüsenvergaser.
Heilbronn, die Stadt der Tüftler! Johann Widmann baut die erste deutsche Maschine zur Herstellung von endlosem Papier. Friedrich Stolz (1860–1936) entwickelt das fiebersenkende und entzündungshemmende »Pyramidon« und stellt mit Franz Fächer 1904 erstmals ein Hormon auf synthetischem Weg her (»Subrarenin«). Emil Robert Mayer (1877–1955) konstruiert eine der ersten Flugzeugkameras und elektrische Rechenmaschinen im Kleinformat.
Im »Baedeker« stehen insgesamt dreißig »bedeutende« Persönlichkeiten, die mit Heilbronn verbunden sind: Baumeister Hans Schweiner, die Reformatoren Johannes Lachmann und Erhard Schnepf, Bildschnitzer Hans Seyfer, der Komponist Eberhard Friedrich von Gemmingen, der magnetopathische »Wunderdoktor« Eberhard Gmelin, die Fabrikanten Georg Peter Bruckmann (Silber), Georg Christian Kessler (Sekt), Franz Andreas Mauser (Gewehre), Gustav Schaeuffelen (Papier) und C. H. Knorr (Suppen), Nervenarzt Albert Zeller, Eisenbahningenieur Karl Etzel, Carl Gustav Rümelin, Gründer der ersten deutschen Zeitung in den USA, »Zirkuskönig« Renz, der Schriftsteller Ludwig Pfau, die Maler Friedrich Salzer und Hermann Rombach, Volkswirtschaftler Gustav von Schmoller, das umstrittene Stadtoberhaupt Paul Hegelmaier, der Archäologe Alfred Schliz, Verleger Eugen Salzer und Theodor Heuss.

Auf dem 1821 eröffneten Wilhelmskanal haben die Schiffe erstmals freie Durchfahrt auf dem Neckar bei Heilbronn. Die Lithographie von Wolff zeigt aus der Stadtsicht den Kanal um 1830 mit dem Königlichen Hallamt (rechts) auf dem Westufer und dem überdachten Zugang zur Neckarbrücke (links). Vor dem Zoll- und Lagergebäude stehen die eisernen Krane für den Schiffsgüterumschlag

Stadt am Fluß

Heilbronn ist die Hauptstadt des Neckars. »Hoi, a Schiff!« staunen die Stuttgarter, wenn bei Cannstatt eine Mastspitze auftaucht. »Schiff ahoi!« rufen die Heilbronner den vorbeifahrenden Neckarschiffern zu. Die ehemalige Reichsstadt und ihre Menschen sind mit dem schwäbischen Schicksalsstrom aufgewachsen. Im Kleinäulein haben sie das Schwimmen gelernt, der Fluß hat ihnen Nahrung gegeben und sie mit der großen weiten Welt verbunden, an seinen Ufern läßt sich beim Singsang der Wellen herrlich träumen.

»Der wildeste deutsche Fluß«, so hat man den Neckar einst genannt. Starkes Gefälle, viele Stromschnellen, scharfe Krümmungen, der Wechsel von Niedrig- und Hochwasser haben ihn dazu gemacht. Für die Menschen ist und bleibt der Fluß eine Herausforderung. Da wundert es nicht, daß schon in der Frühzeit der Dampfboote um 1817 ein Heilbronner Tüftler mit einem Schiff experimentiert, das »einzig durch die Kraft der Dämpfe« mit Schaufelrädern angetrieben wird.

Selbst Kälte kann die Lust am Fluß nicht trüben. Als im März 1845 der Neckar noch zugefroren ist, verlegen die Küfer eine Gesellenprüfung aufs Eis. Gefestelt wird mit Reifschwingen und Gesang, Wein aus silbernem Pokal und einem neuen Küferlied: »Herr gibt in diesem Jahr / viel guten Rebensaft, / daß Jedermann erfahr' / deß edlen Weines Kraft.« Trotzdem steckt in den Menschen am Strom eine natürliche Scheu vor den Launen des Flusses. Titot berichtet: »Da der Neckar in Heilbronn in jedem Jahr drei Menschen verschlinge, so wurden in alter Zeit, immer am 24. Juni, Wallfahrten auf die Neckarbrücke angestellt und drei Laib Brot, denen man Menschengestalt gegeben hatte, den Fluten übergeben, mit dem brünstigen Gebet, der Neckar wolle sich damit begnügen und die Menschen der Stadt verschonen.«

Kaiser Ludwig IV. hat anno 1333 mit dem Neckarprivileg der Stadt am Fluß den Aufbruch zu neuen Ufern gestattet: ». . . also daß die burger den Necker sollen wenden und keren, wohin sie duncket (dünkt), daß es der stette aller nutzlichst sey.« Vorher muß sich Heilbronn mit einem schmalen Nebenarm des Neckars und einem kleinen »portus« (1146) bescheiden; der Hauptstrom rauscht weiter westlich an Böckingen vorbei.

Gewaltiges Hochwasser, das 1333 durch eine Wiesenaue nach Osten gen Heilbronn durchgebrochen ist, leitet die Wende ein; der Hauptarm fließt danach an der Stadtmauer vorbei. Zwischen dem Deutschorden in Sontheim, dessen Wiesen überflutet worden sind, und dem Heilbronner Magistrat gibt's Streit. Beim Lokaltermin billigt der Kaiser den Deutschherren den neuen Flußlauf bis zur Stadtgrenze zu und erlaubt den Heilbronnern, auf ihrem Gebiet dürften sie den Neckar nach Gutdünken nutzen.

Gesagt, getan! Zum Wohle von Verteidigung, Wirtschaft und Handel verbünden sich die Heilbronner mit dem Strom. Die vereinten Flußarme werden bis zum nördlichen Bollwerksturm durch Wehre aufgestaut. Dadurch schwillt der Fluß zum natürlichen Wassergraben vor der westlichen Stadtmauer. Das an den Flußwehren überfallende Wasser liefert Antriebskräfte für die Mühlen-, Säge- und Hammerwerke auf den Neckarinseln, die sich zum »Industrierevier« mausern.

Als Meisterstück ihrer Geschäftstüchtigkeit machen die Heilbronner den Hafen zur Endstation der Rhein-Neckar-Schifffahrt und damit zum »Schlüssel für Süd-

Der »Alte Krahnen« am Neckar wird urkundlich 1516 erwähnt. Die Wolff-Lithographie zeigt ihn um 1835 beim Entladen eines Schiffs, von dem nur die Mastspitze über die Kaimauer ragt. Links das Gasthaus »Zum Krahnen« und Treidelpferde

deutschland«. Mit den Wehren riegeln sie den Neckar für die Durchfahrt in beide Richtungen regelrecht ab. Aus dem Zwang zum Umladen entwickeln sich Stapelrechte und viele Vorteile für die heimischen Speditions- und Handelshäuser; nur Güter, die allhier keine Käufer finden, dürfen per Schiff oder Fuhrwerk weiterbefördert werden.

Mit mächtigen Baumstämmen aus dem Schwarzwald beherrschen zunächst die Flößer das Treiben auf dem Fluß, das der Neckarhistoriker Willi Zimmermann erforscht hat. 1342 schließen Württemberg, Baden und die Reichsstadt einen Floßvertrag: »darnach so haben wir den Neckar geöffnet zu Besenkein (Besigheim) bis gen Heilprunen an die stetemure (Stadtmauer).« 1476 baut Heilbronn eine Floßgasse, um den Flößern, »die seither mit großen Sorgen zu Heilprun durch die Mühlen hand fahren müssen, einen bequemen Weg zu schaffen«.

Neben den fast 300 Meter langen und 7,50 Meter breiten Flößen schippern mehr oder weniger große Schiffe über den Neckar, vor allem zwischen Heilbronn und Heidelberg bis ins Rheinland, seltener auf dem oberen Fluß im Herzogtum Württemberg. Zur Neckarflotte gehören Schiffe mit 34 Meter Länge, 3,40 Meter Breite und 1,40 Meter Tiefgang, kleinere Humpelnachen und zweibördige Nachen. Von Heilbronn nach Heidelberg treiben sie talwärts mit der Strömung, flußaufwärts werden ihre Mastspitzen an Seile gebunden und gezogen von Pferden, die über den Leinpfad am Ufer stampfen; »treideln« sagt man dazu.

Erfolgreich verteidigt die kleine Stadtrepublik gegen die Territorialstaaten Württemberg und Baden ihr Neckarprivileg. Immer wieder bemüht sich Württemberg, die Schiffsdurchfahrt zu erzwingen. Mit kaiserlichem Segen darf Herzog Christoph 1553 hoffen. Aber nach einem jahrelangen Rechtsstreit bleibt es beim Heilbronner Umschlagsmonopol. Verärgert schimpft der Fürst, Heilbronn sei »ein Klein-Venedig«, das »alle Handelsschaft an sich ziehen« wolle.

Als württembergische Oberamtsstadt verliert Heilbronn 1803 die Vormacht am Neckar. König Wilhelm I. von Württemberg läßt einen Kanal mit der ersten deutschen Kammerschleuse westlich der Elbe bauen; der neue Schiffsweg, mit dem erstmals die Heilbronner Sperre durchbrochen wird, zweigt oberhalb der heutigen Friedrich-Ebert-Brücke westlich ab und mündet nach 400 Metern wieder in die Floßgasse. Die Wehre im alten Neckar bleiben als Energiequelle bestehen.

Bei der Einweihung des nach ihm benannten Wilhelmskanals nimmt der König am 17. Juli 1821 eine Schiffsparade ab. Cottas »Augsburger Allgemeine Zeitung« berichtet: »Gestern wurde in Heilbronn ein Fest gefeiert, das die ganze Stadt und Gegend in Bewegung setzte und Zuschauer aus großer Entfernung herbeizog . . . wurde ein Werk vollendet, wie die neuere vaterländische Geschichte kein ähnliches aufweist und das eben so sehr durch seine verständige Anlage, als durch seinen großartigen und fast unzerstörbaren Bau ein Gegenstand der allgemeinen Bewunderung ist und . . . an die Werke des Altertums erinnert.«

Das erste Dampfschiff vom Typ »Inexplosible«, das die Heilbronner Neckardampfschiffahrtsgesellschaft in Frankreich erworben hat, wird am 7. Dezember 1841 mit Böllerschüssen und Glockengeläut im Wilhelmskanal begrüßt; mit dreißig Zentimeter Tiefgang ist endlich das richtige Modell für das Niedrigwasser gefunden worden. Weil das »Teufelswerk« als Triumph des Fortschritts gilt, nennen die Heilbronner Demokraten und späteren 1848er Revoluzzer ihre neue Zeitung »Neckardampfschiff«.

Auf den dampfbetriebenen Schiffen mit

Reste der staufischen Stadtmauer an der Oberen Neckarstraße auf dem Ostufer. Rechts Götzenturm und Brauerei Cluss

Wenn der Neckar zugefroren war, machten sich die Heilbronner ein Vergnügen daraus, den Fluß zu Fuß zu überqueren. Zum letztenmal war dies im Februar 1929 möglich. Blick in Richtung Badstraße, links der eiserne Steg beim Götzenturm

Der Neckar führte nach 1333 unmittelbar an der Stadtmauer vorbei (rechts). Seit 1821 zweigt der Wilhelmskanal vor der Neckarbrücke nach Nordwesten (links) ab. Blick um 1917 aus dem Süden mit Götzenturm, Brücke und dahinter das »Industrierevier«

seitlichen Schaufelrädern genießen 1852 insgesamt 52 000 Passagiere die »pittoresken Ansichten des Neckarthals, mit den vielen Burgen, den Städten und Dörfern und den schönen Wälder- und Felsenpartien des wildromantischen Odenwaldes und die lachenden Fluren zwischen Gundelsheim und Heilbronn«.

Hochbetrieb herrscht im Wilhelmskanal, der bei Eisgang und Hochwasser als Schutzhafen dient. Der »Schwäbische Merkur« berichtet im Januar 1852: »Der Kanal ist mit wenigstens 80 Fahrzeugen, davon 50 mit Masten, angefüllt. Eine weitere Flottille von 50 Fahrzeugen liegt vom alten Kran abwärts bis halbwegs Neckargartach.« Als neue Anlegestelle entsteht 1855 der Winterhafen.

Als Nachfolger der 1870 ausgemusterten Seitenraddampfer schickt die Schleppschiffahrt auf dem Neckar A.G. 1878 den legendären »Neckaresel« auf große Flußfahrt. Hinter der volkstümlichen Bezeichnung steckt ein Kettendampfer mit

Stadtfischer Gustav Buck (rechts) mit einem Gehilfen vor seiner Fischerhütte auf der großen Bleichinsel. In der Krisenzeit nach dem Ersten Weltkrieg zogen er und vier Gehilfen einmal in einer Nacht dreißig Zentner Fische aus dem Neckar in ihre Nachen

mehreren Frachtschiffen im Schlepptau. Mit der Kraft einer 110-PS-Dampfmaschine und viel Gerassel zieht er sich und sein Gefolge an einer im Flußbett liegenden Eisenkette bergwärts durchs Neckartal; die von Heilbronn bis Mannheim reichende Kette ist 115 Kilometer lang und 36 000 Zentner schwer.

Mark Twain gehört 1878 bei seinem Bummel durch Europa zu den ersten Bewunderern des »Neckaresels«. Über den Fluß spöttelt der vom heimischen Mississippi verwöhnte Schriftsteller: »Eine Mütze voll Regen verursacht im Neckar Hochwasser, und ein Zuber voll führt eine Überschwemmung herbei . . .« Aber zum »Neckaresel« meint er: »Ich hätte nicht geglaubt, daß man diese unmögliche Sache ausführen könnte; aber ich habe sie ausgeführt gesehen, und daher weiß ich, daß es ein unmögliches Ding gibt, das man vollbringen kann.«

Das »Hamburg des Neckars«, wie Heilbronn genannt wird, gewinnt als Hauptplatz für die aufblühende Flößerei zusätzliche Bedeutung. Die Eisenbahn karrt die Stämme aus dem Schwarzwald herbei, von Heilbronn aus treiben sie neckarabwärts zum Rhein. Dafür wird 1875 der Floßhafen gebaut, dem 1886 ein Salzhafen und 1888 der nach dem regierenden König benannte Karlshafen folgen.

Begeistert schwärmt Mark Twain über eine Floßfahrt von Heilbronn gen Heidelberg: »Deutschland ist im Sommer der Gipfel der Schönheit, aber niemand hat das höchste Ausmaß dieser sanften und friedvollen Schönheit begriffen, wirklich wahrgenommen und genossen, der nicht auf einem Floß den Neckar hinabgefahren ist . . . Wir glitten still zwischen den grünen, duftenden Ufern dahin, mit einem Gefühl der Freude und Zufriedenheit, das immerzu wuchs.«

Heilbronn hat nicht nur Idylle zu bieten, sondern kann sich als »Wiege der deutschen Motorschleppschiffahrt« (Willi Zimmermann) rühmen. Gottlieb Daimler startet 1892 in Heilbronn mit dem Motorboot »Libelle« zur Jungfernfahrt nach Düsseldorf. Nichts habe das »Maschinle« gestört, schreibt ein Journalist. Die Neckardampfschiffahrt AG experimentiert 1899 mit dem zwölf Meter langen zweizylindrigen Daimler-Motorboot »Pfeil«, das am 13. Mai 1900 den mit Gütern beladenen Schleppkahn »Käthchen von Heilbronn« nach Heidelberg zieht; erstmals wird ein Boot mit Verbrennungsmotor als Schleppschiff eingesetzt.

Gefährdet wird die Neckarschiffahrt zu Beginn des 20. Jahrhunderts durch die Konkurrenz der Eisenbahn und sinkenden Wasserstand. Auch bei den Flößern gibt's statt Späßen wehmütige Verslein: »Vor vierzig und vor fünfzig Johr, / do isch e Gschäftle gloffa. / Do send die Flaizer (Flößer), g'wieß isch wohr, / em Wai (Wein) oft schiar versoffa.«
Neuen Aufschwung versprechen sich die Heilbronner vom Ausbau des Neckars zur Großschiffahrtsstraße. Gleichzeitig erwachen die alten Träume Herzog Friedrichs II. von Württemberg, der 1802 auf einen Wasserweg zwischen Rhein und Donau von Mannheim über Heilbronn und die Schwäbische Alb nach Ulm gehofft hat. Das kühne Projekt bleibt Utopie; der Plan eines Rhein-Main-Donau-Kanals bekommt den Vorzug.
Aber die Großschiffahrt auf dem Neckar ist nicht aufzuhalten. Mit der Kanalisation Mannheim – Heilbronn wird 1921 begonnen, gefördert von dem Heilbronner Kaufmann Peter Bruckmann, dem Kanalbauer Otto Konz und dem Juristen Otto Hirsch. Als erster Höhepunkt wird 1935 der neue Heilbronner Kanalhafen eingeweiht. Mitten im Freudenfest erklingt an Bord des letzten »Neckaresels« ein Trompetensolo: »Behüt' dich Gott, es war so schön gewesen!« Schraubenboote mit Dampf- und Dieselmotoren lösen den Kettendampfer ab.
Geschäftstüchtig führt die Stadt 1935 das »Heilbronner System« ein; sie vermietet ihre Grundstücke an Firmen und sorgt für Ordnung im Hafengebiet, enthält sich aber selbst jeder gewerblichen Tätigkeit. Der 1935 südlich der Peter-Bruckmann-Brücke stumpf endende Kanal wird erst nach dem Krieg verlängert. 1952 erfolgt der Durchbruch vorbei an Böckingen, 1958 wird der Neckar bis Stuttgart und 1968 bis Plochingen kanalisiert.
Mit dem Kanal kehrt Heilbronn im großen Stil ins Jahr 1333 zurück. Westlich der Bahnhofsvorstadt verläuft die neue Wasserstraße im ursprünglichen Flußbett. Der mittelalterliche »Necker«, nur zwei Steinwürfe vom Marktplatz entfernt, bleibt romantisches Schmuckstück und natürliche Oase der Stadt. Hafen Nr. 1 in Württemberg ist Heilbronn allemal; nicht »Hoi, a Schiff!«, sondern »Schiff ahoi!« heißt's zu Heilbronn.

Der Winterhafen um 1920 mit den typischen Neckarschiffen aus Holz und Eisen

Ein »Neckaresel«, wie der Volksmund die Kettendampfer nannte, zieht um 1910 sich und die angehängten Frachtschiffe an Ketten flußaufwärts nach Heilbronn

Bootspartie um 1915 vor der Kulisse von Altheilbronn. Rechts St. Peter und Paul und der Kiliansturm, links das alte Hauptpostamt und die Neckarbrücke

Wein, Heine und Herbst

»Wir reisen nach Heilbronn, denn Heilbronn ist die Hauptstadt des Weingaus im Lande Schwaben und der Wartberg der Gipfel davon. Ich weiß kein Land, wo die Fröhlichkeit der Weinlese also auf einen Punkt concentriert wäre wie hier«, schwärmt 1839 der Schriftsteller Carl Theodor Griesinger. Am Rhein und auch in Württemberg biete »jeder Weinort sein Vergnügen, und in jedem Landstädtchen, an dessen Hügeln Reben wachsen, werden Herbste gefeyert, wird getanzt und gejubelt, werden Feuerwerke losgelassen. Aber Heilbronn!«

Der Saft, der aus den Trauben gekeltert wird, beflügelt seit Jahrhunderten das Gesellschafts- und Wirtschaftsleben in Heilbronn. Wengerter oder Heine nennt man hier die Weingärtner; sie sind der »Stand«, der heimliche Adel. Ihre Rebstöcke wachsen auf dem Keupermergel der sonnigen Berghänge bis fast an den Stadtrand, der berühmte Trollinger ebenso wie der spritzige Weißriesling und viele andere Sorten.

Theodor Heuss schreibt in seiner Doktorarbeit »Weinbau und Weingärtnerstand in Heilbronn a. Neckar« (1905), der Wengerter sei »ein außerordentlich arbeitsamer, einfacher und bescheidener Mensch«. Während er meistens von früh bis spät hart arbeite, lese er in den ruhigeren Wintermonaten bevorzugt geschichtliche und belehrende Bücher. Besonders ausgeprägt sei die Liebe zur Musik bis hin zum eigenen Klavier. Politisch herrschten schroffe Gegensätze, aber »ein demokratischer Grundzug«.

Höhepunkt des Weinjahres ist der Herbst; damit ist nicht die Jahreszeit gemeint, sondern das Weinfest, bei dem es gilt, die Fässer leerzutrinken, um Platz für neuen Wein zu schaffen. »O glückliche herbstliche Zeit! O lustvolle herbstliche Tage!« jubelt 1766 ein Jurist namens Pfeiffer aus Thüringen in seinem Heilbronner Herbstgedicht. Fritz Mayer aus Jagstfeld macht den Wartberg gar zum »Tempel, zu dem während der Lesezeit die ganze Gegend wahlfahrtete, um dem jungen Gott des Weines ihre Huldigungen darzubringen und sich von der allgemeinen Lustbarkeit fortreißen zu lassen«.

Manch einer hat beim Herbst sein »Käthchen« gefunden oder große Politik gemacht. Als König Karl 1874 die Gattin des Stadtschultheißen Karl Wüst mit »Frau Oberbürgermeister, darf ich bitten!« zum Herbsttanz auffordert, tut er damit kund, daß ihr Mann zum ersten Heilbronner OB ernannt werden soll.

Oder man denke nur an den Geheimratsschluck! Mit einem duftenden Traminer aus silbernem Pokal soll König Wilhelm II. im Rathaus empfangen werden. Im letzten Augenblick bemerkt der Wengerter Schäfer fachmännisch, daß der Wein einen Korkengeschmack hat. Ausschütten kann man ihn nimmer, da der König bereits naht. Kurzentschlossen setzt Geheimrat Bruckmann an und trinkt den Pokal mit einem Schluck leer. Gönnerhaft klopft der Landesherr dem ihm bekannten Bruckmann auf die Schulter. »Na, Geheimrat, schmeckt's!« Der wackere Bürger forcht sich nit: »Majestät müssen entschuldigen. Ich mußte die Ehre des Heilbronner Weinbaus retten!«

Verpönt ist zu Heilbronn das Saufen, weil man dann sündige; statt dessen schlotzt man den Wein, was dem Beten gleichkomme. Selbst im Rausch werde ein abwägend-kühler Kopf bewahrt, lautet die Diagnose von Dr. Carl Frühsorger. Als einmal der legendäre Feuerwehrkommandant Gustav Binder nach dem Genuß von elf Viertele hocherhobenen Hauptes über die Neckarbrücke schreitet und sich ein Bekannter beklagt, daß der Gustav zum Gruß nicht den Kopf beuge, antwortet Binder klassisch: »Saudumm's G'schwätz! Wenn i' mi vorbeig', na lauft's owwe widder 'naus!«

Kein Wunder, daß bei solch einem Menschenschlag hierzulande die Reben frühzeitig heimisch geworden sind, begünstigt durch mildes Klima und das fruchtbare Heilbronner Becken. Schon die Kelten, die man heute noch in manchem vom »Stand« zu erkennen glaubt, haben Weingärten aus Wildreben in der Ebene angelegt. Die Römer kultivieren den Weinbau, der auf gemauerten Terrassen an den Hängen emporklettert. Fränkischer Königshof, Klöster, Patrizier und Adelige, die Tagelöhner arbeiten lassen, genießen den Wein und handeln damit. Erst allmählich entwickelt sich die selbständige Zunft der Weingärtner.

». . . dieweil die ganze Nahrung dieser Stadt in dem Weinhandel hanget«, wird Kaiser Maximilian 1517 vom Heilbronner Magistrat aufgeklärt. Für die Reichsstadt ist Wein der Exportartikel Nr. 1, an Fürstenhöfen ebenso geschätzt wie in Bürgerhäusern, ob nun in Bayern und am Rhein, in Norddeutschland oder Österreich. Häufig wird Heilbronn deshalb als (Wein-) »Baustadt« bezeichnet.

Ein feierlicher Staatsakt ist die »Herbstverkündigung« durch den Rat; damit wird alles geregelt, was mit dem Weinbau zu tun hat: »Ehrsame Herrn und Freunde! Es läßt ein Hochedler und Hochweißer Herr Burgermeister und Rath allen dero Burgern und Unterthanen hiemit verkünden . . .« Die Anordnungen reichen von der Lesezeit bis zum Verbot des »Traubenstupfelns«, das mit »ohnnachlässiger Straff« bedroht wird.

Strenge Bräuche herrschen in Sachen Reinheit des Weins. Steuerbuch 1399: »Und daz niemand keinen Win mit Gemecht machen (fälschen) soll noch keinen Hünischen Stock machen (keine minderwertige Rebsorte pflanzen) noch kein sun (Ableger) davon ziehen.« Friedrich III. mahnt 1488, ». . . keinerley unziemliches Gewächs in den Wein zu tun«. Schwefeln ist in schlechten Zeiten erlaubt, aber »welcher oder welche ire Wein also geschwefelt haben, der oder dieselben sollen den auch also für geschwefelt verkaufen«. Betrüge jemand, solle dessen Fässern der Boden ausgeschlagen und der Wein verschüttet werden.

Eine der wichtigsten Geldquellen der Reichsstadt ist die Weinbet; für die Steuer werden an den Stadttoren die Weinwagen gezählt. Die »Heilbronner Weinbüchlein«, wie man die ab 1519 vorliegenden Aufzeichnungen der Steuerstube nennt, vermitteln ein interessantes Zeitgemälde; vornean die Zahl der Fuhren, der festgelegte Preis und die Qualität des Weins, nicht zu vergessen das Wetter.

Anno 1540 wird berichtet: »Fleiner tor 8606, Sülmer tor 8533, Brücken tor 2500, Summa aller 19 636 Fahrt(en). Das fuder (Wein) um 5 Gulden. Ist 2 Maß um 4½ (Heller). Und ist diß Jar der wein eins uberaus guten truncks im dirren und haißen unerhörten Sommer gewachsen, süß und starkh, macht die Leuth unversehens trunckhen und toll, ist die Herzsalb genannt.« Solche »Herzsalben« wachsen nicht jedes Jahr. »Ist der wein zimlich sauer worden«, heißt es 1527.

Mit 32 987 Fuhren, die rund 132 000 Hektoliter entsprechen, wird 1539 die größte Weinmenge gemeldet. Gleich sinkt der Fuderpreis auf 3½ Gulden: »und ist der wein diß Jhar eines ungleichen zimblichen trunckhs geworden.«

Das »Geschichtsbuch der Wengerter« beschreibt auch andere wichtige und merkwürdige Ereignisse, meistens aktuell, manchmal im Rückblick. Bericht über das Erdbeben anno 1348: »Ist um die Vesperzeit in dem wirtemberger, wie auch durch ganz Deutsch- und Welschland ein solch unerhörtes, gräuliches Erdbeben gewesen, dergleichen seit der Passion Christi nicht gewesen, hat viele Städt, Schlösser, Türm und Mauern umgeworfen.« Neben Katastrophen gibt's Kurioses: 1570 kommt Kaiser Maximilian mit einem Elefanten nach Heilbronn, 1646 sei Milch aus einem Balken in Biberach geflossen.

In Kriegszeiten wütet die Soldateska in den Weinbergen. Die Menschen können sich hinter den Stadtmauern in Sicherheit bringen. Was draußen bleibt, ist den Feinden schutzlos ausgeliefert. 1350 rächt sich Graf Ulrich von Württemberg nach der vergeblichen Belagerung von Heilbronn mit der Zerstörung der Weinberge. Im Dreißigjährigen Krieg hausen allein im Jahr 1645 bayerische, französisch-weimarische und hessische Armeen in den Weinbergen: ». . . sehr übel zugerichtet, die Pfähl verbrannt, die Stöck abgerissen und zu Boden getreten« (Weinbüchlein).

Die Weinbauern aus dem alemannischen Dorf »Bokkingen« beim heutigen Trappensee flüchten 1333 hinter die Stadtmauern. Die Siedlung am Fuß der Wälder im Osten von Heilbronn, nicht zu verwechseln mit Böckingen auf dem anderen Neckarufer, wird damals von der Reichsstadt gekauft. Die »Bokkinger« brechen ihre Häuser ab, ziehen mit Sack und Pack ins nördliche Stadtgebiet und scharen sich um die neue Nikolaikirche (1351). Außer Flurnamen erinnert heute nichts mehr an Altböckingen; die Dorfkirche, in der manche die Heilbronner Mutterkirche sehen, brennt 1547 aus, der letzte Brunnen wird 1812 zugeschüttet.

Geradezu ein Markenzeichen für das alte Heilbronn sind die ebenso fleißigen wie knitzen Bauweingärtner, die für die Herrschaftswengerter die Rebstöcke hegen und die Trauben pflücken. Schon frühzeitig haben sie sich als »Rebläuthe« und »Weingartter« in zwei Zünften vereinigt. Schmunzelnd wird noch heute vom unblutigen, aber dramatischen Aufstand der Heilbronner Bauwengerter anno 1839 erzählt. Der Vorfall ist als »Rebenbüscheles-Krieg« in die Geschichte eingegangen und von Rektor Gustav Freudenberger in der fränkischen Heilbronner Mundart verewigt worden.

»Vunn jeher isch Brauch gwä, daß d Bauwengerter die Reweschenkel, wo se abschneide' und in Büschele binde' dian, mit haamgnumme' henn«, berichtet Freudenberger. Das Verhängnis beginnt, als 1839 der Gemeinderat beschließt, die Rebenzweige müßten trotz ihres geringen Wertes den Weinbergbesitzern abgeliefert werden. Die Bauwengerter »henn nadürlich n große' Zorn kriecht, weil mr ihrn Loh', wo vorher schuun net hoch gwä isch, noh weiter verkärzt hat«. Als der Rat trotz einer Eingabe auch noch verbietet, die Büschele einfach liegenzulassen, kocht die Volksseele; man merkt, »daß e' Dunderwetter im A'zuch isch«.

Zornig sammeln sich die Bauwengerter beim Ehrnfeld in der Paulinenstraße; mit einem köstlichen Riesling stärken sie ihre »Kurasch«. Jakob Schäfer feuert zum Protest an: »Etz handelt se s drumm, daß mr annich senn un net uff uns rummtrete' lasse' wie uff Schklave!« Und nach dem

Der Wartberg ist der Mittelpunkt des Heilbronner Weinbaus und war jahrhundertelang Schauplatz der berühmten »Herbste«. Das Foto um 1897 zeigt die obere Wengert-Landschaft, die seit 1792 bestehende Gaststätte und den Turm mit dem Weidenkorb obenauf, der an einer Stange hochgezogen wurde; mit der unterschiedlichen Stellung des Korbes wurde den Bewohnern im Tal das Wetter für den nächsten Tag vorhergesagt

Munteres Treiben auf dem Wartberg um 1835. Auf dem Steindruck der Gebrüder Wolff sieht man auch den »Knopf der Knöpfe« auf dem Turm (links). Das kupferne Gebilde wurde früher als Zeitzeichen benutzt; bei Tagesbeginn wurde es an einer Stange hochgezogen, zur Ankündigung des Feierabends ließ man es herunter

vierten Schoppen »henn se gschwoorn, Guot und Bluot, Leib und Lewe forr ihr Recht z'opfern, wenn s sei' müeß«. Auf jeden Fall wollen sie zunächst einmal den Gemeinderäten einen Denkzettel verpassen. »E' ganz kriecherischer Gaast ist in alle nei'gfahrn, un se hättes etz mit m Deufel selwer uffgnumme.«
Von der Französischen Revolution wissen die Wengerter, was zu einem »Uffstand« gehört. Heinrich Drautz, der zum Hauptmann gewählt wird, zieht ein »rots ba'wolles Sackduoch« heraus und bindet es an einen Wengertpfahl, fertig ist die Fahne mit der »Revoluzzio'farb«. Die wackeren Streiter bewaffnen sich mit Hacken und füllen die Butten mit Rebenbüschele, die als Wurfgeschosse wie »e'n Art Handgranate« dienen sollen. Der fromme Vorschlag, »ob mr net aa n Feldpreddicher nemme sott«, wird abgelehnt. Aber weil der Hauptmann meint, »so wie e' Haufe' Wilde könnte' se net in d Stadt nei' ziehe, do däte' ja alle Schuolbuowe' drüwer lache'«, lernen sie noch schnell das Marschieren.
Vom Lerchenberg ziehen die Aufständischen gegen die Stadt, 42 Mann stark. Ab dem Fleiner Tor schmettern sie zum Marschtritt ein Lied: »Freiheit, die ich meine!« Da staunt der alte Kistenmacher am Straßenrand: »Wenn mr so e' baar Kumbaniee' hätte', do könnt mr ja ganz Baris ei'nemme'!« Begeistert und mit »Hurra!" marschieren viele Schulbuben mit. In der Deutschhofstraße wird beratschlagt, »was mr eigentlich a'stelle wöll«. Der Kauf von Pulver zum Sprengen der Häuser einiger Gemeinderäte wird abgelehnt; dann wolle man lieber noch einmal zum Ehrnfeld, denn »noh hätt mr doch aa äbbes forr sei' Geld, wo mr mit seim sauern Schwaaß verdien«.
Schließlich einigt man sich, vor den Häusern »vun de schuldiche Gmaanderät n rechte' Spedackel« zu machen. Auf dem Weg zum Gemeinderat Köber will ein Polizist die Revolution aufhalten, wird aber zur Seite gestoßen. Nacheinander veranstalten die Wengerter vor den Häusern von einigen Räten, die alle vorher aus der Stadt geflohen sind, einen »rechte' Spedackel«. Sie lassen die Türglocken läuten, schlagen mit ihren Hacken gegen die Haustür und die Fensterläden, werfen Rebenbüschele gegen die Fenster, rasseln mit Steinen in Gießkannen. Und dazu singen sie einen Spottvers, den Jakob Hofmann flugs gedichtet hat:
»Uff m Rothaus, uff m Rothaus / gehts zuo, des isch e' Schand. / Se reißen ihre Goschen uff / und schlaachen alle uff uns druff. / Wehrt üch forr euern Stand!«
Als es Nacht wird, kühlt ihr Zorn ab; »de letzte' Rest drvu henn se mit demm guote Riesling vumm Ehrnfeld voll nuntergespült«. Später werden sie von ihren Frauen abgeholt und im Triumphzug heimgeführt. »D Fraa vumm Heinrich Drautz hat se vorher schnell noh e' seides Halsdüechle un n seidene' Schorz kaaft, daß dse ihr Mann, weil r dr Haaptmann gwä isch, net an e're schäme' müeßt.«
Vom »Uffstand« künden anderntags nur noch ein paar kaputte Scheiben und die gebrochenen Rippen des Polizisten. Die meisten Revoluzzer werden wegen Störung der öffentlichen Ordnung und Widerstands gegen die Staatsgewalt zu vierzehn Tagen Arrest verurteilt. Nur Drautz, Schäfer (»Wo de Bolezeidiener wechbufft hat«), »Fahne 'träächer« Springer und der dichtende Hofmann müssen ein paar Wochen länger im Gefängnis im ehemaligen Klarakloster brummen.
Weil fast die gesamte Bürgerschaft auf Seiten der Bauwengerter steht, wird's ein »ganz lustichs Gfängnis«. Tagsüber müssen die Arrestanten am Webstuhl arbeiten. Aber abends bekommen sie Brot, Wurst und Wein durch ein Hinterfenster hineingereicht: »un noh isch drowe e' Lewe losgange', daß die frumme Nunne', wo früeher im Kloster gwä senn, se schier noh in ihr'em Grab rummdreht henn. E' jeder vunn de Gfangene hat aa nochher gsaacht, so e' schöne Zeit hätt r noch nie erlebt, wie wo nr im Arrest gwä sei.«
Theodor Heuss zählt 1905 das »außerordentlich entwickelte Standesbewußtsein« zu den hervorstechenden Kennzeichen der Wengerter: ». . . fühlen sich gegenüber den übrigen Bevölkerungsklassen, in die durch die gewerbliche Entwicklung der Stadt ein fluktuierendes Element gekommen ist, als eigentlich seßhafte Bürger, fast noch mit einem Stück reichsstädtischer Tradition.«
Elbling, Heunisch, Malvasier und Muskateller, mit dem sich die Tillyschen Reiter 1622 betrunken haben, sind die ältesten bekannten Heilbronner Rebsorten. Neue Trauben kommen, manche gehen wieder, andere bleiben: Ruländer, Trollinger, eine schwarze Traube aus Tirol, Silvaner, Traminer, die Putschere, auch Tokayer genannt, Müllertraube, um 1755 der Riesling aus dem Rheingau, Clevner, der auch für Champagner verwendet wird, Burgunder, Gutedel, Grob- und Süßrot, Affentaler und Portugieser.
Rund um den Weinbau, der für den Heilbronner Rat »uns und der unsern narung liefert«, siedeln sich viele Handwerker und Gewerbetreibende an: Weinhändler und Weinläder, die Küfer, Kübler und Eicher, Fuhrleute, Weinzieher und natürlich die Wirte, die nur hiesigen Wein »verzapfen« dürfen. 1835 schließen sich die Weinbauern zum »Bürgerverein der Weingärtner in Heilbronn« zusammen. Den 1842 gegründeten Urbanus-Gesangsverein gibt es heute noch, die Weingärtnergesellschaft von 1888 ist seit 1972 mit den Genossenschaften Weinsberg und Erlenbach vereinigt.
Die meisten der 60 Wengerter-Dynastien, die sich um 1900 in 360 einzelne Familien aufgliedern, leben seit Jahrhunderten in Heilbronn. Ein Auszug aus der Namensliste, die Theodor Heuss und Professor Cramer zusammengestellt haben:
Able, erstmals 1436 urkundlich erwähnt, Albrecht (1475), Beermünder (1474), Beitinger (1311), die älteste Familie in dieser Ahnentafel, Böhringer (1399), Dederer (1605), Drautz (1474), Ehrenfeld (1628), Franz (1646), Gsell (1678), Gurrath (1553), Haag (1584), Heinrich (1351), Hengerer, Hofmann (1418), Hohlwein (1581), Illig (1560), Kast (1597), Kießling (1653), Kistenmacher (1460), Klemm (1600), Rechkemmer (1714), Reischle (1474), Rohrbach (1474), Sauber (1652), Schneider, Schönberger (1620), Seitz (1382), Springer (1553), Titus (1713), Weingand (1638), Wieland (1614), Winter (1474), Zapf (1553) und Zerreisen (1553).
Aus der Arbeit und dem Erntefest der Wengerter hat sich der berühmte Heilbronner Herbst entwickelt. »Nirgends in Württemberg, selbst Stuttgart nicht ausgenommen, werden die Weinlesen mit solcher Feierlichkeit, Gastfreundschaft und Ungezwungenheit gefeiert, wie hier, wozu der gute Ton und die Biederkeit der Weinbergbesitzer die beste Würze giebt« (M. L. Roeder, 19. Jahrhundert).
Das Herz der allgemeinen Herbste und der Privatherbste der Honoratioren schlägt bis ins 19. Jahrhundert auf dem Wartberg. ». . . ist das Paradies, wonach jeder strebt«, schreibt Griesinger 1839. Der Wartberg sei »so hoch angesehen als bei einem liebsiechen Jüngling das Ehebett. Wenn sich Einer den Himmel recht schön vormalen will, so denkt er sich einen verklärten Wartberg.« Zur Lesezeit strömen Tausende herbei, um in den Weinbergen am Südhang und im Tanzsaal

Das von Meister Hans Stefan 1589 erbaute Cäcilienbrunnenhaus auf einem Wolff-Steindruck um 1835. Auf den Stahlbühlwiesen (links) herrscht fröhliches Herbsttreiben, rechts finden ab 1842 die großen »Herbstparthien« auf der Cäcilienwiese statt

»Herbstparthie« 1874 auf der Cäcilienwiese. Die Zeichnung von Erdmann Wagner erschien zusammen mit einem überschwenglichen Bericht über den Herbstbesuch des württembergischen Königs Karl in der »Allgemeinen illustrierten Zeitung«

auf dem Gipfel »in dem gesegneten Heilbronn« den Herbst zu feiern.
Heinrich Titot beschreibt einen zünftigen Herbst der guten alten Zeit: »Noch während der Tag grauet, ziehen die ›Leser‹ singend hinaus in die Berge. Unter scherzenden Reden werden die Trauben in die Kübel geschnitten, singend und jolend tanzt der Treter im Tretzuber herum. Jubelgeschrei, wenn die Weinlese gut ausfällt, hallt von den Bergen, und Knaben und Jünglinge schießen Pistolen und Böller ab. Zur Mittagszeit lagert sich die Lese um ein lustiges Feuer, Brod und Wein verzehrend.«
Nach Feierabend geht das Fest weiter: »Es macht einen sehr freundlichen Eindruck, wenn man an einem Weinleseabend die Tausende von fröhlichen Menschen jeden Standes und Alters beobachtet, wie sie in der frischen Herbstluft einen gesunden Appetit zeigen, wie überall gejubelt und gesungen, da und dort getanzt und gesprungen und gespielt wird, wie die Glöckchen der trabenden Mostkarrenpferde läuten, die Feuerräder brillante Funken sprühen und bengalische Flammen die Weinberge in den schönsten Farben erleuchten.«
Voll Poesie endet Titot: »Vom Wartberg aus glaubt man die Wachtfeuer eines großen Feldlagers und – wenn bei eingebrochener Nacht hunderte von Fackeln von den Bergen herabsteigen und nach der Stadt wallen – den gestirnten Himmel unter sich zu erblicken.«
Mit den »Herbstparthien« der Vereine und Gesellschaften beginnt ein neues Kapitel. Auch der Schauplatz wechselt auf die Cäcilienwiese. Für 48 Kreuzer Eintritt kann jeder nach Herzenslust trinken und Trauben essen, eine Familie muß 1 Gulden 12 Kreuzer bezahlen. Abends tanzt man um die aus Pechfässern aufflammenden Feuersäulen, zum Finale wird ein Feuerwerk gezündet.
Aus den »Gesellschaftsherbsten« wird ein allgemeiner Herbst, der nur einen Tag lang gefeiert wird. Mit dem »Deichseltrinken« wandeln sich etwa um 1880 die Sitten; entlang der Deichseln der Weinwagen trinkt man aus Schoppengläsern, die einen halben Liter enthalten. Daß es manchmal Ärger gibt, soll nicht verschwiegen werden. 1911 verbietet der Gemeinderat das Herbstfest, »weil die häßlichen Auswüchse immer mehr überhand genommen hatten«. Aber schon 1925 läßt sich der Rat vom Verkehrsverein umstimmen. Bis ins letzte Friedensjahr 1938 festeln die Heilbronner fröhlich.
Erstmals 1954 findet wieder ein Herbst statt. Das Traubenblütenfest auf den Wertwiesen und vor allem »Deutschlands gemütliches Weindorf« rund ums Rathaus setzen heute die Tradition fort; mitten in der Stadt bieten neun Tage lang Genossenschaften und Wengerter aus Heilbronn und Umgebung ihre Weine an, getrunken wird aus Zehntelesgläsern, als Tische dienen Fässer, und wie anno dazumal auf dem Wartberg wölbt sich über allem ein verklärter Himmel.
Noch älter als die Tradition des Herbstes ist die Geschichte der Besenwirtschaften. Hier schenken die Wengerter ein paar Wochen lang ihren eigenen Wein aus und tischen dazu ein habhaftes Vesper auf. Schon 1614 werden die Besenwirte als »Gassenwürth« erwähnt. In der Beschreibung des Oberamts Heilbronn von 1865 heißt es: »In keinem Orte des Königreichs wird so viel Wein verzehrt, als in der Stadt Heilbronn, wo in mehr als 200 Häusern Gelegenheit dazu ist, und da auch die Weingärtner ihren selbst erzeugten Wein ausschenken dürfen, so ist schon das siebente Wohnhaus ein solches gewesen, in dem man zechen kann.«
Der an einem Reisigbündel über dem Eingang erkennbare Besen ist eine ganz eigene Welt mit allumfassender Lebensphilosophie. Da treffen sich tatsächlich der Arbeiter und der Fabrikant an einem Tisch, meistens dicht gedrängt. Findet man beim besten Willen keinen Platz, trinkt man ein Stehviertele, bis einer der Hocker geht. »Dischkutiert« wird viel, über Gott und die Welt, dazwischen ein Scherz und manchmal Streitgespräche. Wird's gar zu laut, hat der Besenwirt und Abgeordnete Heinrich Haag in den zwanziger Jahren immer guten Rat gewußt: »Leut, singet ebbes G'scheits, des isch besser wie a dumm's G'schwätz!«
Olymp der Weinzähne nennt man den Besen. Anno 1896 hat der Heinrich Albrecht an der Allee zur Feier des Weinbaukongresses einen 1893er Clevner aufgetischt. Alle loben den köstlichen Tropfen, meinen aber, er habe ein »G'schmäckle«. Der Siebmacher Mössinger schmeckt »a bissle« Messing heraus, der Schmied spricht von Eisen, ein »Bode'fährtle« wie Leder empfindet der Sattler Binder, der Lehrer entdeckt ein »Dinte'gschmäckle«. Um der Sache auf den Grund zu gehen, leert der Wirt das Faß, schlägt's auf und siehe da: Drin liegt ein Schlüssel, befestigt mit Messingdraht an einem Lederstück, auf dem mit Tinte »Pultschlüssel« geschrieben steht.
Auf Lösung wartet noch das Problem, warum man Heine zu den Wengertern sagt. Weil viele Heinrich mit Vornamen heißen, wissen die einen. Dagegen gibt es die These, der Heine komme von Hunnen, Hünen oder Heunen. Auf jeden Fall tragen sie ihren Spitznamen mit dem gleichen Stolz wie die Gôge in Tübingen. Ein Geheimtip: Winzer sollte man zu einem Wengerter in Heilbronn nie sagen, auch wenn die amtliche Berufsbezeichnung so lautet. Winzer, das sind die Weingärtner im Badischen und im Rheinland, aber bitte nicht hierzulande; da ist man »oige«, sprich eigenwillig.
Viele vom »Stand« haben zudem Sonntagsnamen. Gerhard Binder hat sie in Bildern und Versen karikiert. Von einem Wengerter, der mit der Haue häufig Jagd auf Weinbergschnecken gemacht hat, wird erzählt: »So war er eines Tags gewiß / (die Brille hatte er vergessen), / daß so ein Schneck vermessen / durch seinen Wengert kroch. / ›Wart‹, ruft er, ›dich krieg ich noch‹. / Dann schlug er zu mit voller Kraft. / Ein Schlag, ein Fluch, denn eig'ner Saft / troff von der großen Zehe, / die unbebrillt er, trotz der Nähe, / für eine Schneck' gehalten. / Er hat den Namen ›Deckelschneck‹ erhalten.«
Wahre Wunderdinge hört man aus dem Anekdotenschatz der Wengerter. Einmal hat der Herr Apotheker einem Heine aus Versehen statt Hustensaft eine Flasche Salzsäure gegeben. Als der Wengerter nach acht Tagen wieder in die Apotheke kommt und die leere Flasche auf den Tisch stellt, fragt der Pillendreher kreidebleich: »Was haben Sie denn um Himmels willen mit dem Säftle gemacht!?« Meint der Heine: »Trunke hawe 's, un 's isch mer besser worra. Bloß brennt mer 's seither immer a Loch in d' Hos', wenn i oin fahre laß.«
Wer's nicht glaubt, sollte im nächsten Besen nachfragen. Dann wird ihm vielleicht auch die Geschichte von dem Uralt-Wengerter erzählt. Als dieser einmal sterbenskrank daniederliegt, läßt er den Pfarrer rufen. Jedesmal wenn dieser gehen will, bittet ihn der Heine, noch ein bißchen zu bleiben. Als sich der Kranke wie durch ein Wunder erholt hat, verrät er dem Geistlichen, der selbst einen guten Tropfen schätzt, den Grund für seine Anhänglichkeit: »Wisse Se, Herr Stadtpfarrer, Sie hän so arch guet nach Wei' g'roche'!«

Marktplatz und Rathaus mit Freitreppe, Kunstuhr und Syndikatshaus um 1835 auf einer Wolff-Lithographie. Eine Postkutsche ist angekommen, vor der Stadtwaage im Erdgeschoß des Rathauses werden Waren umgeschlagen, die Stadtwache zieht auf

Rund um den Marktplatz

»Oh, du mein liab's Herrgöttle! Ist denn da eine Theaterdecoration hingestellt worden, die Ludwig II. von Baiern für eine Separatvorstellung von ›Faust‹, den ›Meistersingern‹ oder dergleichen hatte malen lassen?« beschreibt ein Journalist in der »Kölnischen Zeitung« 1892 volkstümlich seine Eindrücke in Heilbronn.
»Diese engen, krummwinkligen Gassen mit den hochgiebeligen, immer malerischen, zuweilen in ihrer stilechten Architektur entzückenden Häusern, den in die Gasse sich vorstreckenden Wirtshausschildern, nun gar wahr und leibhaftig der alte Brunnen mit dem hl. Georg auf der Säule, aus Eisenröhren plätschernd, von Lindenbäumen umrauscht – das alles im unsicheren Licht einer spärlichen Beleuchtung – tönte nicht immer die Rede meines Begleiters an mein Ohr, ich glaubte mich wahrhaft verzaubert.« Was stört's, daß er den »alten Brunnen« auf den Hafenmarkt stellt!
Der Marktplatz tut's ihm besonders an. »Da ist das Rathaus mit der hohen, gotischen Empore, unter die sich die ›Bögen‹ oder ›Lauben‹ hinziehen; und wenn der Blick sich nach rechts wendet, dann ragt St. Kilian als prächtige Kathedrale auf, mit einem ganz toll fantastischen hohen Turm, der gotisch anfängt, in Renaissance sich fortsetzt und als ein mit Gotik kokettierendes Barock aufhört.«
Durch die »kräftige Schwabenart« des Begleiters wird der Gast vom Rhein »aus meinem romantischen Rausche geweckt«. Der Stadtführer zeigt ihm das Käthchenhaus: »Do soll des verrückte Weibsbild, des Käthle, g'wohnt hawe.«
Schon aus lokalpatriotischen Gründen müssen zwei Dinge angemerkt werden. Das Kleistsche »Käthchen«, das erstmals 1810 in Wien die Theaterbühne betreten hat, ist nicht »verrückt«, sondern ein allerliebstes Mädchen mit Traumgesichten. Zweitens gibt es anno 1892 noch nicht einmal Thesen zum Vorbild. Das Patrizierhaus wird eben Käthchenhaus genannt, weil es so stattlich aussieht und einen schmucken Renaissanceerker hat. Erst 1897 glaubt Friedrich Dürr, in Bürgermeister Kornachers Tochter das »Ur-Käthchen« entdeckt zu haben; heute sucht man in der Sagenwelt.
Keine Legende, sondern Wirklichkeit ist eine andere Frau, die im Rauchschen Palais sogar Weltgeschichte geschrieben hat. Der russische Zar Alexander I., der 1815 zum Gipfeltreffen mit Kaiser Franz nach Heilbronn gekommen ist, empfängt in dem klassizistischen Prachtbau die baltische Baronin Juliane von Krüdener (1764–1824); nach einem bewegten Leben an Fürstenhöfen hat sie im benachbarten Weinsberg ein Gebetszentrum gegründet. Bei der Begegnung in Heilbronn soll sie Alexander I. zur Heiligen Allianz gegen Napoleon überredet haben.
Zwischen Kirche und Rathaus schlägt das Herz von Altheilbronn. Auf dem Marktplatz finden Wochenmärkte und Festlichkeiten statt, hier thront das Denkmal des größten Sohns der Stadt, man trifft sich, umjubelt Majestäten, plauscht und schimpft. Manchmal gibt's auch Krawall; bei den 1848er Unruhen, zur OB-Wahl 1897, wenn der Arbeiter- und Soldatenrat 1918 das Rathaus stürmt . . .
Unvergeßlich der Kranz schmucker Bürgerhäuser und Herbergen der großen und kleinen Welt um den bürgerlichen Siedlungskern! Hochherrschaftlich haben sich am Tuchhaus Schwarz in der Nordostekke die Fialen zum Treppengiebel getürmt. Ein Schmuckstück an der Kaiserstraße ist

Marktplatz um 1921 mit Robert-Mayer-Denkmal, Rauchsches Palais (links) und Blick nach Süden auf St. Kilian und Geschäftshäuser an der Kaiserstraße

Mitte: Wochenmarkt 1908 auf dem Marktplatz. Rechts Rathaus.

Unten: Nostalgie 1906. Blick auf die Nordostecke des Marktplatzes mit (von links) Syndikatshaus, Tuchhaus Schwarz, Feyerabend/Buttersack, Hotel Falken und das Haus Zehender, das als einziges dieser Gebäude heute noch steht

das schwäbisch-alemannische Fachwerkhaus der Sicherschen Apotheke gewesen, das Huthaus Knödler fällt mit seinem Rokokogiebel aus dem bürgerlichen Rahmen.

An Gaststätten hat es gewiß nicht gefehlt! Jüngster und einziger im Bunde, den es heute noch gibt, ist der »Ratskeller« (1897). Das »Hotel Falken« auf der Ostseite zwischen dem barocken Zehenderschen Haus (1726) und Feyerabend/Buttersack ist zeitweise auch Sitz der Winzergenossenschaft gewesen. Etwas versteckt hat gegenüber an der Nordwestecke die »Rose« aus der Rathausgasse hervorgelugt; einer der Wirte des schon 1417 als »Kanne« erwähnten Gasthauses ist der legendäre Posthalter Johann Georg Uhl (1718–1790) gewesen.

Beim Abbruch eines Hinterhauses des Gasthofs »Zum Bären« (1519) neben dem Käthchenhaus hat man 1939 in einem verlöteten Kupferkessel einen Leinensack mit einem Schatz gefunden: 8094 Silber- und 17 Goldmünzen nebst vier Silbermedaillen. Da der jüngste Prägestempel von 1731 stammt, handelt es sich mutmaßlich um die »Sparkasse« eines Bürgers, der sein Vermögen anno 1734 vor Prinz Eugen und seinem vor Heilbronn lagernden Heer gesichert hat.

In der »Krone« des Dietz Wagemann an der Südostecke hat Götz während der Haft 1519–1522 mit seiner Familie fürstlich logiert. Schmunzelnd liest man, daß Mark Twain 1878 im gleichen Zimmer wie der Berlichingen übernachtet und den Haken gesehen haben will, an den der alte Haudegen seine eiserne Faust gehängt hat; 1804 ist an gleicher Stelle das Rauchsche Palais gebaut worden.

Heute stehen nur noch das Zehendersche und das Käthchenhaus im alten Stil.

Das Stadtparlament

Wenn ein David wie die Reichsstadt Heilbronn, die um 1500 nur etwa 6000 Einwohner hat, neben den Goliaths der Flächenstaaten bestehen will, bleibt oft nur zwiespältige Diplomatie. Als im Bayerischen Erbfolgekrieg 1504 beide Seiten auf Unterstützung pochen, stellt Bürgermeister Konrad Erer den Verbündeten des Kaisers 138 Fußsoldaten nebst neun Reitern und dem Pfälzer Kurfürsten eine »städtische Verehrung« von 700 Gulden zur Verfügung; den Herzog von Württemberg bittet er, aus Heilbronn »kein Kriegsschloß« zu machen.
Zum ersten Rathaus wird vor 1300 ein Kaufhaus am Kieselmarkt mit der Front gen Osten ausgebaut. Ein Jahrhundert später folgt ein gotischer Umbau mit der Schokoladenseite nach Süden zum Marktplatz. Auf dem »Gang« über einem Vorbau nimmt Kaiser Maximilian 1495 die Huldigungen der Bevölkerung entgegen, hier versammelt sich am Schwörtag der Rat, wenn die Bürger auf dem Marktplatz den Treueschwur leisten. 1579 bis 1600 wird das Rathaus im Renaissancestil umgebaut.
Gerade in den Reichsstädten hat sich »parallel laufend zur Dynasten- und Territorialgeschichte« ein »eigener Zug deutscher Geschichte« abgespielt (Dr. Helmut Schmolz). Demokratie und Selbstverwaltung sind auch in einer Reichsstadt ein schwierig Ding! Wie »regiert« wird, regelt zunächst das Stadtrecht von 1281; neben Vogt und Schultheiß des Königs lenken zwölf Ratsmannen (»consules«) aus dem Patriziat die Stadt. Weil sich die Zünfte übergangen fühlen, kommt es häufig zu »Uffleufen«.
Das Volk lechzt nach Mitsprache. Durch die paritätische Regimentsordnung unter Karl IV. gibt's 1371 ein 26köpfiges Ratskollegium, das aus jeweils 13 Vertretern des Patriziats und des Handwerks besteht; beide wählen je einen Bürgermeister, die gemeinsam amtieren. Bleibt der Haken, daß die Ratsmitglieder selbst ihre Nachfolger bestimmen und sich gegenseitig alle zwei Jahre wiederwählen.
Ein gewaltiges Bauwerk, Bauernkrieg und Reformation stellen Stadt und Rat zu Beginn des 16. Jahrhunderts vor große Aufgaben. Der Kiliansturm wächst 1513 bis 1529 neben dem Marktplatz als erster bedeutender Bau der Renaissance nördlich der Alpen empor. Fortschrittlich duldet der Rat, daß Meister Hans Schweiner

Das Rathaus um 1905 nach der Renovierung durch die Architekten Vollmer und Jassoy. Die beiden Ritterfiguren an den Enden der Galerie stehen heute nicht mehr. Unter den Arkaden ging's rechts zur Polizeiwache und links in den Ratskeller

Der Ratskeller im altdeutschen Stil mit Gewölben und Kachelöfen. Im Eröffnungsjahr 1897 kamen König Wilhelm und Königin Charlotte persönlich. Das Hauptlokal lag damals an der Rathausgasse, zum Marktplatz gab's nur zwei kleine Gasträume

den Kirchturm mit Spottfratzen wider Klerus und Klöster gestalten darf.
Vorsichtig taktiert der Rat dagegen im Bauernkrieg. Heilbronn ist ein Zentrum der ersten politisch-sozialen Massenbewegung der deutschen Geschichte; die Bauern wehren sich gegen Abgaben, Fron und Willkür. Beim »blutigen Ostern« 1525 im benachbarten Weinsberg läßt Bauernführer Jäklein Rorbach nach dem Sturm auf die Burg Weibertreu 13 Adelige durch die Spieße hetzen; angefeuert wird er von der »schwarzen Hofmännin«, die wie er aus Böckingen stammt.
Unter den Bauernhaufen geht die Parole um, sie sollten Vertreter zu einem Bauernparlament in Heilbronn senden. Der Rat der Reichsstadt will sie fernhalten, wird aber durch die Bevölkerung gezwungen, die Tore zu öffnen.
Neben den Weingärtnern setzen sich vor allem Frauen für die Bauern ein. Sie wählen aus ihren Reihen einen »haubtman« und wollen mit einer selbstgenähten

Rathaus um 1905: Mittelpunkt des alten Ratssaales im zweiten Stock war ein Dekkengemälde des Hofmalers Johann Jakob Morff, das die Göttin Justitia mit der Waage der Gerechtigkeit zeigt, umgeben von Darstellungen des Guten und Bösen

Mitte: Halle im zweiten Stock. Balkendecke mit stilisiertem Blattwerk und den Wappen württembergischer Städte

Unten: Treppenaufgang zum zweiten Stock. Farbenprächtige Glasfenster mit Stadtadler und Wandgemälde, links die Rathäuser von Eßlingen, Ulm und Heilbronn, vor dem »der Baumeister von St. Kilian« seinen Turm zeigt

Fahne in den Deutschen Hof eindringen, werden aber von ihren Ehemännern unsanft gebremst: »Sie teten sie auf die nasen und mäuler schlagen, daß inen das rot waßer auß mund und nasen rann; das haben getan ir erliebende mann.«
Nachdem die Bauern ihre Rachegefühle gegen Deutschorden und Klöster mit Plünderungen gestillt haben, wollen ihre Denker die Revolution in geordnete Bahnen lenken. »Bauernkanzler« Wendel Hipler arbeitet an einer Reichsverfassung mit gesamtdeutschen Inhalten. Aber als der Schwäbische Bund bei Döffingen siegt, löst sich das erste deutsche Volksparlament im »Schöntaler Hof« auf. Mit Nächstenliebe rechtfertigen die Heilbronner ihre Gastfreundschaft: »Sie wollten nit wider die Bauern thun. Es habe mancher einen Vater, Bruder, Vetter und Verwandten darunter, und es seyen alle christliche Brüder!«
In Fragen des Glaubens ist auch der Rat mutig, angeführt von Bürgermeister Johann Riesser. Heilbronn gehört 1529 auf dem Reichstag zu Speyer zu den protestierenden Ständen und bekennt sich 1530 zu dem von Philipp Melanchthon verfaßten Augsburger Glaubensbekenntnis. Mann für Mann schwören die Ratsmitglieder am 18. November 1530, bedingungslos zum Glauben zu stehen, obwohl kaiserliche Ungnade droht; nur Konrad Erer lehnt den Eid ab. Sechs Tage später bekennt sich auch die Mehrheit der Bürger zur Reformation.
Mit einer »konservativ-aristokratischen« Regierungsverfassung will Kaiser Karl V., der sich durch die Reformation gefährdet sieht, 1552 die Mehrheit »für Kaiser und Reich« sichern. Die Patrizier bekommen wieder die Vorherrschaft, die Handwerker müssen den Rat verlassen. Wichtig-

Zimmer des Oberbürgermeisters um 1905

Mitte: Heiteres Wandgemälde im Trausaal: Ein Jüngling wirbt um die Geliebte

Unten: Büro um die Jahrhundertwende. Blick in die Heilbronner Stadtkasse

stes Gremium ist der »Kleine Rat« mit drei Bürgermeistern, die jeweils vier Monate regieren. Weil es zu wenig Patrizier gibt, dürfen auch »geschwägerte« Personen aufgenommen werden; viele beklagen »Vetterlin«-Wirtschaft.

Weil ein gewisser Hofrat Dr. Heinrich Has der Schöpfer der neuen Verfassung von 1552 ist, bespöttelt das Volk den »Kleinen Rat« als »Hasenrat«. Das traditionelle Heilbronner »Hasenmahl«, zu dem noch heute einmal im Jahr »Freund und Feind« zu Wein und Hasenschlegeln eingeladen werden, hat damit nichts zu tun. Schon 1508 entschuldigt sich Herzog Ulrich von Württemberg, daß er zum »Hasenmahl« nicht kommen könne und schickt mangels Hasen eine Bache mit der Auflage, sie »mit hübschen Frauen fröhlich (zu) verzehren«.

Nicht weniger als sechzig Bürgermeister regieren von 1552 bis zum Ende der Reichsstadt 1802. Ihre Namen, die Dr. Bernd Klagholz zusammengestellt hat, spiegeln die Heilbronner Patrizier und »Geschlechter«: Fewrer, Berlin, Ans, Becht, Hofmann, Orth, Bürcker, Aff, Kugler, Spölin, Imlin, Vogler, Albrecht, Weinmann, Feyerabendt, Becht, Kollenberger, Rollwag, Wolff, Scholl, Glandorff, Trapp, Jesslin, Calw, Spitzer, Rokkenbauch, Feyerabend, Hoffmann, Pfitzer, von Rühle, von Pancug, Geiling, Wacks, Becht, Kübel, Bardili, Schübler, Meyer, Mylius, Roth, von Wacks, von Roßkampff und Kornacher.

Unter württembergischer Herrschaft wird der Rat der Oberamtsstadt vom Landesherrn eingesetzt. Ab 1822 dürfen die Heilbronner selbst wählen; der Reigen beginnt mit Stadtschultheiß Joh. Clemens Bruckmann. 1874 verleiht König Karl zum erstenmal den Titel Oberbürgermeister an Karl Wüst, der seit 1869 als Schultheiß amtiert.

Das reichsstädtische Rathaus, von Meister Hans Kurz 1579 bis 1600 gebaut, ist »eines der glücklichsten und liebenswürdigsten Werke« der deutschen Baugeschichte. Von seiner Schönheit kündet heute noch die wiederaufgebaute Haupt-

fassade des Renaissancebaus aus Sandstein: astronomische Kunstuhr, ein Wappenengel, die Steinfigur mit den Gesichtszügen des Baumeisters über dem Haupteingang, die Freitreppe mit Galerie und die Arkaden vor dem Ratskeller.
Verschwunden sind die beiden Ritterfiguren mit Baldachin und Stadtfahne oberhalb der Treppenaufgänge und die beiden östlich um acht Meter zurückgesetzten Nebengebäude: die Neue Kanzlei mit dem Torbogen, der vor die Wahl zwischen Glück gleich rechts im Trausaal oder dem Brunnen im Ratshof gestellt hat, und das Syndikatshaus, das von 1803 bis 1872 Sitz des Oberamtmanns ist. Auch die Gasse gibt's nicht mehr, die zwischen Syndikatshaus und Tuchhaus Schwarz zum Kieselmarkt geführt hat.
Als vergoldetes Glanzstück des Rathauses prunkt die Kunstuhr, 1579/80 gestaltet von Isaak Habrecht. In dem vierstufigen Renaissancerahmen kann man unten Sonnenstand, Tierkreis und Wochentag ablesen; darüber zeigt die Zeituhr mit dem kleinen Zeiger die Minute, mit dem großen die Stunde an. Bewegliche Figuren sind mit dem Zeitenlauf verbunden: Engel drehen sich zu jeder Stunde, der eine bläst Posaune, das »Gottfriedle« zählt die Glockenschläge mit einem Zepter und dreht ein Stundenglas um, zwei Widder stoßen mit den Köpfen gegeneinander, ein Hahn kräht mit Flügelschlag ab 12 Uhr alle vier Stunden. Darüber thronen die Mondphasentafel und obendrauf ein Türmchen mit Glocke und zwei Putten, die mit ihren Armen abwechselnd die Viertelstunden anschlagen. Unter der Uhr mahnt ein Spruch:
»Der Widder Kampf dir klärlich deut',
Dass mit der Zeit Zeit hab' ein Streit.
Die Uhr der Engel schnell umwend't,
Bedeut dein Stund am letzten End.
Dann mit dem hellen G'schrei der Hahn
Ermahnt dich, dass du Buss sollst than,
Des Engels gross' Posaunenton,
Dass bald künftig sei Gottes Sohn,
Der prüfen wird zur Seligkeit,
Die an ihn glauben zu dieser Zeit.«
Als beschwingtes Rankenwerk schmiegt sich die Freitreppe ans Rathaus, geschaffen von Steinmetz Adam Wagner. Unter den Arkaden zwischen den ionischen Säulen sieht man heute das Original-»Männle« vom Kiliansturm, das Relief »Jesus mit der Samariterin am Jakobsbrunnen« vom Siebenröhrenbrunnen, die 1528 aus einem einzigen Block Heilbronner Sandstein gehauene Bank von 6,50 Meter Länge und Narrenhäuschen.

Stadtarchiv am Kieselmarkt um 1905: Das 1765/66 im Stil des Rokokos erbaute Archiv gilt als einer der schönsten Heilbronner Profanbauten und stand nördlich des Syndikatshauses. Links geht's zum Marktplatz, rechts zur Lohtorstraße. Das Gelände diente bis 1415 als Friedhof für die Juden, die hauptsächlich in der Lohtorstraße wohnten. Im Krieg brannte das Archiv völlig aus. Aber die dreiwandige, rocaillegeschmückte Rokokofassade blieb stehen und wurde renoviert. Das Gebäude beherbergt heute die Gedenkhalle für die Toten des Zweiten Weltkriegs und die Opfer der NS-Zeit. Das Archiv ist im Deutschhof untergebracht

Durch die Arkaden geht's in den Ratskeller (1897) mit stimmungsvollen Gewölben; die Räume haben vorher als Lager gedient, rechts sind anfangs noch Polizeiwache und Arrestzellen untergebracht.
Das Rathaus selbst betritt man über die Freitreppe im ersten Stock. Aus der Brüstung lugen Hermen und sechs Frauenfiguren hervor; sie verkörpern Mutterliebe, Wohltätigkeit, Gerechtigkeit, Friede, Stärke und Glauben.
Das Schönste steht bevor. Aller Reichtum an Kunst, Geld und Tradition, den man in einer ehemaligen Reichsstadt erwartet, hat sich im Rathaus bis zur Zerstörung 1944 dargeboten. Welch Pracht und Augenweide: mächtige Eichenpfeiler, gleißende Stukkaturen, feine Medaillons, herrliche Leuchter, Decken- und Wandgemälde, Holzvertäfelungen und mehr Pforten als Türen, Wappen vieler Städte, überall kunstvoller Schmuck!
Nicht Schönheit, Raritäten bestaunt Weltenbummler Mark Twain 1878 im Heilbronner Rathaus: ». . . hing an Brettern entlang der Wand eine Anzahl Schädel gewaltiger Keiler; sie trugen Inschriften, wer sie erlegt hatte und vor wie vielen Jahrhunderten das geschehen war.«
Oder die Sage vom »Böckinger Riesenhecht«! Neben dem Ratssaal erzählen Verse zum Holzbild des legendären Hechts, daß Friedrich II. ihn 1230 im Böckinger See ausgesetzt habe, der Fisch 1497 gefangen worden und ausweislich der Jahreszahl 1230 auf einem Metallring stolze 267 Jahre alt gewesen sei!
Alle Pracht und viele Kuriositäten werden im Krieg zerstört. Auch jener Balken im Rathaus mit dem weisen Spruch, der in Heilbronn noch heute gern zitiert und oft nicht eingehalten wird: »Tritt fest auf, thu's Maul auf, hör' bald auf!« Aber in der Erinnerung lebt vieles weiter.
Nach dem Krieg drängen sich Jahrhunderte im Zeitraffer. 1945 wird Emil Beutinger von der US-Militärregierung als Oberbürgermeister eingesetzt, der Gemeinderat kürt 1946 Paul Metz, 1948 wählt wieder die Bevölkerung selbst OB Paul Meyle. Nach Dr. Hans Hoffmann (1967–1983) amtiert seit 1983 Dr. Manfred Weinmann als Oberbürgermeister im 1953 wiederaufgebauten Rathaus.

St. Kilian 1850: Blick durch das Langhaus der gotischen Hallenkirche zum Chor. Über den Rundpfeilern sitzen Apostel-Halbbüsten

Kilianskirche

Wahrzeichen und kunstvolle Krönung von Heilbronn ist die Kilianskirche mit dem ungewöhnlichsten Turm des Spätmittelalters. Das Gotteshaus entsteht im 13. Jahrhundert an der Stelle einer romanischen Michaelsbasilika. Die Frage, ob diese Vorgängerin identisch ist mit der urkundlich auf 741 n. Chr. zurückdatierten Michaelskirche, bewegt die Historiker ebenso wie die Vorgeschichte von St. Peter und Paul oder der verschwundenen Kirche von Altböckingen.

Als Schutzpatron wird der heilige Kilian erstmals 1297 in einem Ablaßbrief verehrt; der 697 n. Chr. in Würzburg ermordete iro-schottische Missionar soll auch am »Heiligen Brunnen« getauft haben. St. Kilian wächst im 15. Jahrhundert zur gotischen Hallenkirche mit Langhaus (Hans von Mingolsheim), Hallenchor (Anton Pilgram), Netzgewölbe (Alberlin Jörg) und Hochaltar (Hans Seyfer).

Neben den Kirchen prägen Klöster und der Deutsche Orden das religiöse Leben. Für etwa 6000 Bürger gibt es um 1500 sieben Kirchen und zehn Kapellen, allein an St. Kilian predigen 28 Geistliche. Der Klerus kümmert sich nicht nur ums Seelenheil, sondern befruchtet auch die Kultur. Reliquien werden hochgeschätzt: »Ein Stück von einem Kleid der Jungfrau Maria, ein Stück von der Lade, in der Christi Rock gelegen, ein Stück vom Schwamm, mit dem er am Kreuz getränkt worden, ein merkliches Stück von St. Bartholomäus Arm und zwei Ripplein von den 11 000 Jungfrauen.«

Aber der Ablaßhandel, das Formel- und Zeremonienwesen werden den Bürgern von Heilbronn zuviel, sie wollen Gottes Wort in ihrer Sprache hören. Die Bauern, die auf den großen Besitzungen des Klerus arbeiten, schimpfen über die hohen Abgaben. Dazu häufen sich Klagen über Sitte und Moral bei den Geistlichen, von denen einige »unpriesterliche« Beziehungen zu Frauen haben. Auch heißt es einmal, etliche Kirchherrn hätten nachts auf dem Pfarrhof ein solch Geschrei gemacht, daß der Türmer von St. Kilian in sein Feindhorn geblasen habe.

Die Reformation findet offene Herzen. Als Luther 1517 seine 95 Thesen in Wittenberg an die Schloßkirche hämmert, baut Heilbronn gerade seinen mächtigsten Turm für die Kilianskirche. Während der Bau immer höher klettert, prallen unten in der Stadt die alte und neue Lehre aufeinander; vor allem der städtische Prediger Johannes Lachmann (1491–1539) und Bürgermeister Hans Riesser setzen sich für die Reformation ein.

Welch eine Dramatik! Der zum Priester geweihte Lachmann heiratet 1526 und lädt zur Trauung drei ehemalige und inzwischen verheiratete Mönche ein. Am Altar von St. Kilian zelebriert der Pfarrverweser des Bischofs von Würzburg die katholische Messe, Lachmann predigt von der Kanzel lutheranisch. Frühmorgens um 5 Uhr treffen sich die Neugläubigen 1528 zum ersten evangelischen Abendmahl. Ein Jahr nach Vollendung des Turmbaus bekennt sich die Stadt 1530 offiziell zur neuen Lehre.

Steingewordenes Zeitgemälde des revolutionären Umbruchs ist der Kiliansturm (1513–1529), von den einen geschmäht als »bis an den Himmel ein Bösewicht«, für die andern ein Vorbote der Aufklärung. Schöpfer dieses ersten bedeutenden Meisterwerks der Renaissance nördlich der

Schrein des Hochaltars von Hans Seyfer: Die fünf lebensgroßen Figuren verkörpern die apokalyptische Gottesmutter auf der Mondsichel, links Apostel Petrus und der Märtyrer Laurentius, rechts der heilige Kilian und der Märtyrer Stephanus

Unten: Märtyrerin Margarethe rechts über Maria. Auf der Bibel der Drachen, den sie mit dem Kreuz vertreibt

Alpen ist der von der Stadt beauftragte Steinmetz Hans Schweiner. Finanziert wird aus dem Stadtsäckel sowie mit Strafen, Ablaßbriefen und Stiftungen.
Der achteckige Renaissanceturm, der sich nach oben verjüngt, steht auf einem gotischen Unterbau des 13. Jahrhunderts. Trotz des Stilwechsels wirkt das Bauwerk als Einheit. Zu der phantastischen Formensprache gehören Skulpturen und Wasserspeier, von denen einige die Kirche verspotten: ein Affe mit Mönchskutte, ein geflügeltes Untier mit einer armen Seel in den Krallen, Mönch und Nonne mit Klauenfüßen . . . Bei Wind sollen die Tiergestalten einst so geheult haben, als sei die Hölle losgelassen. Keine Angst! Auf der Turmspitze wacht ein Landsknecht, genannt das »Männle«.
Im Gegensatz zu der aufmüpfigen Sprache des Turms beeindruckt der Hochaltar (1498) des Bildschnitzers Hans Seyfer in der Kilianskirche durch die tiefe Frömmigkeit der dargestellten Personen. Der Reichtum an Formen in dem aus Lindenholz geschnitzten Flügelaltar mit einer Gesamthöhe von 11,32 Metern ist gewaltig! Was aber den Betrachter geradewegs zum Zwiegespräch mit Maria und dem Leidensweg Jesu führt, sind die lebensnahen, geradezu herben Züge der Figuren, fernab idealtypischer Schönheiten.
Die Kunstkritik sieht in dem Hochaltar, der nach dem Krieg restauriert wird (Josef Wolfsteiner/Walter Hammer), ein Spitzenwerk spätgotischer Plastik und stellt Hans Seyfer auf eine Ebene mit Veit Stoß und Tilman Riemenschneider.
St. Kilian ist auch schon Lager für Kriegsgefangene (1805/06) gewesen. Kirche und Turm werden 1886 bis 1894 (August Beyer) und 1930–1938 (Karl Friedrich) restauriert. Nach der Zerstörung 1944 stehen nur noch Turm und Mauern, gen Osten gähnt ein großes Loch. Es heißt, die Kirche müsse abgebrochen werden. Aber Dekan Rauscher, Professor Mayer und Kirchenpfleger Wurst setzen sich erfolgreich für den Wiederaufbau ein.

Das »Männle«

Kreuz, Weltkugel oder Wetterhahn, das kennt man als krönenden Abschluß auf Kirchtürmen. Aber der Stadtsoldat im Stil eines Landsknechts auf dem Kiliansturm ist einmalig. Das »Männle«, wie die Heilbronner die zum Wahrzeichen gekürte Figur mit schwäbischer Verniedlichung nennen, wacht seit 1529 in 62 Meter Höhe über der Stadt.

Was die Reichsstadt bewogen hat, einen Krieger auf den Westturm der Kilianskirche zu stellen, kann man nur mutmaßen: Der wehrhafte Geselle mit dem Reichsadler steht für Verteidigung der Selbständigkeit und Bekenntnis zum Reich. Der bärtige Stadtsoldat ist 2,35 Meter hoch, trägt Brustpanzer und Beinschienen, hat ein Barett auf dem Kopf, hält in der linken Hand ein Breitschwert, die Rechte umklammert eine Lanze, obenauf dreht sich eine schmiedeiserne Wetterfahne mit dem Reichsadler, der seine Fänge in einen Drachen schlägt.

Bilder vom zerstörten Heilbronn beweisen, daß Turm und »Männle« angeschlagen, aber unerschüttert den Krieg überstanden haben. Wie ein »Zeigefinger Gottes« (Hans Dieter Bechstein) haben sie mitten aus den Trümmern der zerstörten Altstadt herausgeragt. Allerdings steht das Original-»Männle« von 1529 nicht mehr auf dem Turm, sondern unter den Rathausarkaden; 1886 hat man es wegen Baufälligkeit durch eine Nachbildung in luftiger Höhe ersetzt.

Um das »Männle« ranken sich tollkühne Geschichten. Zwei Strafzettel verbürgen das gefährlichste Kunststück: »Der Beschuldigte hat am 11. d. M. abends 6½ Uhr auf dem Männle des Kiliansturms einen Handstand ausgeführt.« Vor den Augen einer großen Menschenmenge auf dem Marktplatz sind zwei 35jährige Heilbronner Handwerker am 11. August 1921 die 277 Stufen hinaufgestiegen und zur Tat geschritten: Willi Schöller klettert auf das »Männle« und streckt die Füße gen Himmel, sein Freund Leo Wörner hält die etwas wackelnde Steinfigur fest.

Wegen »gröblicher Störung der öffentlichen Ordnung« muß jeder 25 Mark Strafe bezahlen. Gleichzeitig kassieren sie aber auch rund 500 Wetten, bei denen es sich um 1800 Mark und 386 Flaschen Wein gehandelt haben soll. »Dös isch des Innere«, meint Wörner schmunzelnd zu dem lebensgefährlichen Abenteuer. »Ebbes Dackelhaftes muß g'macht werde!«

Kilianskirche 1897: Blick über den Marktplatz auf den 62 Meter hohen Westturm mit dem »Männle« auf der Spitze. Links angeschnitten das Rauchsche Palais und das Kirchenschiff mit den beiden spitzen neugotischen Chortürmen, die heute wieder die Hauben des 15. Jahrhunderts tragen. Rechts die Sichersche Apotheke, deren Fachwerk um diese Zeit mit Gips verputzt ist, und das Bankhaus Gumbel

Der Handstand anno 1921 auf dem »Männle« wurde auf einer Ansichtskarte mit den »Helden«-Porträts verewigt. Die Wendnagelfotos zeigen die Handstandszene und links einen Ausschnitt: Willi Schöller beim Handstand und links neben dem »Männle« schemenhaft Leo Wörner, der die Figur abstützt

Malerischer Deutschhof 1900 (von links): Ritterhaus mit fünfeckigem Erker, Hochgang, Renaissancebau mit Staffelgiebel, Erker und Freitreppe und das Komturwohnhaus, in dem zeitweise das Schwurgericht tagte. Nach der Zerstörung 1944 wurden die ehemaligen Ordensgebäude originalgetreu wiederaufgebaut und bilden heute mit den anderen Deutschhofbauten ein Kulturzentrum

Deutschhof

Vom Sitz des Deutschen Ritterordens über Kaserne, Synagoge, Gericht und Theater bis zum Kulturzentrum spannt sich die mehr als 700jährige Geschichte des heutigen Deutschhofs. Im 13. Jahrhundert gründen die Deutschherren die Kommende Heilbronn, die 1785 Landkommende für die Ballei Franken wird; in der Reichsstadt bilden sie einen eigenen Staat, heute etwa vergleichbar mit der Stellung des Vatikans in Rom.
Auf ihrem exterritorialen Gelände in Heilbronn entfalten die Ordensleute eine rege Bautätigkeit. Sie sind ebenso Wohltäter für Kranke und Hungernde wie ein mächtiger Wirtschaftsfaktor mit großem Landbesitz; die Bauern fühlen sich ausgebeutet und plündern bei ihrem Aufstand 1525 im Deutschhof. Der schwedische Kanzler Oxenstierna trommelt 1633 im dreißigjährigen Krieg die protestantischen Mächte zum »Heilbronner Konvent« im katholischen Ordenshaus zusammen. Häufig steigen hohe Herrschaften ab. Wegen des Asylrechts, das die Ordensleute auch den Juden gewähren, kommt es oft zum Streit mit der Reichsstadt.
Württemberg kassiert 1805 den Deutschhof, der fortan als Kaserne für die neue Garnison in der Oberamtsstadt dient. Gleichzeitig dürfen sich die Katholiken im protestantischen Heilbronn ab 1807 in der ehemaligen Ordenskirche zur Stadtpfarrei St. Peter und Paul versammeln. Die Kirche ist geblieben, die Soldaten müssen gehen, nachdem sich bei der 1848er Revolution aufrührerische Bürger und Truppenteile verbrüdert haben.
Pennäler beleben vorübergehend die Gebäude. 1852 ersteigert die Staatsfinanzverwaltung den Deutschhof für 75 000 Gulden und vermietet die Räume; die Stadt hat nur 65 000 Gulden geboten. Zu den Mietern gehört die jüdische Gemeinde, die bis zum eigenen Gotteshaus 1877 an der Allee in der provisorischen Synagoge im Deutschhof betet.
Mit dem Einzug des Handelsgerichts für gleich vier Oberämter beginnt 1865 die Justizepoche. Nach und nach wird der gesamte Deutschhof als Schwur- und Landgericht benutzt. Die malerische Freitreppe im Kleinen Hof führt hinauf zum Schwurgerichtssaal, in dem auch Todesurteile verkündet werden.
Die Hinrichtungen mit dem Fallbeil durch den Scharfrichter und zwei Gehilfen finden im Großen Hof beim Wagen- und Kornhaus statt, nachdem der Richter symbolisch einen Stab zerbrochen und gesagt hat: »So wie du ein Leben zerbrochen hast, ist auch dein Leben verwirkt.« Das letzte Todesurteil wird 1934 im Fall Harer vollstreckt. Der 1944 in Heilbronn von Freisler zum Tod verurteilte Willy Fröhle wird in Stuttgart erschossen.
Das schönste Kapitel im Deutschhof schreibt das Theater. »Das Käthchen von Heilbronn« wird im Sommer 1929 unter der Regie von Paul Schmid 49mal im Großen Hof vor der Kulisse der alten Ordensgebäude aufgeführt. Die Darsteller gehören zu einer Laienspielschar, die 1928 von Pfarrer Hans Völter gegründet worden ist. Namen wie Hanna Geyer, Heinz Goldammer und Peter Bruckmann sind mit den Käthchen-Festspielen verbunden, die ab 1952 und letztmals 1956 fortgesetzt werden.

Barocke Pracht um 1930: Kirchenschiff und Chor von St. Peter und Paul, geschmückt mit vielen Figuren und Gemälden

St. Peter und Paul

Für die Katholiken von Heilbronn ist St. Peter und Paul mehrfach die Mutterkirche. Schon im 13. Jahrhundert hat der Deutsche Orden hier auf den Resten einer alten Kapelle eine Marienkirche gebaut, die sich zur berühmten Wallfahrtskirche entwickelt; der romanische Unterbau des heutigen Kirchturms stammt von diesem Gotteshaus. Das »Tauziehen« (Monsignore Josef Baumgärtner), ob St. Kilian oder St. Peter und Paul auf dem Boden der ältesten Heilbronner Kapelle steht, wird mutmaßlich nie entschieden.

Nachdem 1528 in der Kilianskirche das ewige Licht gelöscht und 1530 die Reformation eingeführt wird, bleibt die Marienkirche des Deutschordens eine katholische Insel in Heilbronn. Trotz Verbots schleichen die Altgläubigen durch die verwinkelten Gassen zur heiligen Messe. Allerdings wird der evangelische Stadtprediger 1541 vom Rat auch ermahnt, er solle sich auf der Kanzel nicht so wegen des »Komturs Läuten« ereifern.

Die Ordenskirche blüht im 18. Jahrhundert auf. Nach einer frühgotischen Erweiterung um 1500 gibt ihr Baumeister Franz Keller 1718 bis 1721 ein barockes Kleid; zur prachtvollen Ausstattung gehören kolossale Deckenfresken des italienischen Meisters Colomba. Prinz Eugen der edle Ritter kniet 1734 auf dem roten Samt des Betstuhls vor dem Hochaltar, neben ihm der Kommentur im weißen Mantel mit schwarzem Ordenskreuz, dahinter der Hofstaat. An gleicher Stelle beugen Kaiser Franz und Erzherzog Karl 1815 ihre Häupter vor dem Tabernakel und beten für den Sieg gegen Napoleon.

Pech und Glück für die Katholiken bedeutet die württembergische Herrschaft ab 1802. Der Landesherr kassiert 1805 den Deutschhof, erläßt aber 1807 ein Religionsedikt, das allen christlichen Gemeinschaften die gleichen Rechte zugesteht. Schon 1805 hat der Neckarsulmer Ordenskaplan Joseph Schmalstig die neue Heilbronner Gemeinde übernommen. Am Weißen Sonntag 1807 wird St. Peter und Paul, wie die Kirche seit dem 18. Jahrhundert heißt, zur katholischen Stadtpfarrkirche ernannt.

Erfolgreich wehren sich die Katholiken, daß die Kirche von den Protestanten übernommen oder als Waffenarsenal benutzt wird. Bis 1880 wächst ihre Gemeinde auf 2000 Gläubige unter 20 000 Einwohnern, 1905 sind es bereits 5500.

Die zweite katholische Kirche wird 1926 auf der Vilmathöhe geweiht und 1927 zur Stadtpfarrei St. Augustinus ernannt. Weihbischof Sproll mahnt: »Nur einen Wettstreit sollt ihr kennen: es einander an Glaube und Liebe gleichzutun, ja einander darin zu übertreffen.«

In der NS-Zeit leben Geistliche gefährlich. Als der katholische Stadtpfarrer Dr. Anton Stegmann 1933 vom Pfarrertreffen in einem Lokal beim Hauptbahnhof heimgehen will, überfällt ihn ein SA-Trupp unter Standartenführer Fritz Klein. Der Pfarrer wird in einen Leiterwagen gesetzt, durch die Stadt gezogen und unterwegs verhöhnt und geprügelt.

Zu den Kostbarkeiten des Deutschordensmünsters, wie St. Peter und Paul nach Zerstörung und Wiederaufbau seit 1977 genannt wird, gehören ein romanischer Altartisch und die »Heilbronner Madonna«; die vom Feuer angeschwärzte gotische Holzfigur ist 1945 aus den Trümmern geborgen worden.

Häuser und Häuschen

Man staunt, was es in der guten alten Reichsstadt Heilbronn alles gegeben hat! Ob nun Narrenhäuslein oder Pranger, das »Steinumtragen«, Würfelhaus, Franzosenhäuslein oder Frauenhaus, der Phantasie sind keine Grenzen gesetzt.
Im Narrenhäuslein werden die »Unfuhrer«, die durch Unfug oder als Krawallmacher auffallen, öffentlich verhöhnt. »In« den Pranger kommt 1750 die Frau eines Falschmünzers, der 15-Kreuzer-Stücke nachgemacht hat und geköpft worden ist. Felddiebe setzt man in einen Weidenkorb und taucht sie in schmutziges Wasser. Stiehlt eine Frau, muß sie »den Stein umtragen«; den Stein, der einen Kopf mit aufgesperrtem Maul darstellt, haben einst Verleumderinnen »umtragen« müssen.
Spieler treffen sich im Würfelhaus, das 1408 an Hans Nippenburg aus Bönnigheim verpachtet wird. Wer zu hohe Einsätze macht, wird »on alle gnad und barmherzigkeit hertigklichen bestrafft«.
Das mittelalterliche Bordell zu Heilbronn steht entweder in der Lohtorstraße oder beim Klarakloster. Die Stadt kassiert 1480 ein Pfund Heller von dem Frauenhaus, wie die Chronik berichtet. Damit in dem Freudenhaus kein Unfug getrieben wird, postiert die Stadt einen Wächter. Lienhard Schmid hat aber seines Amtes nicht »mit Fleiß« gewartet, sondern ist »von der Mauer und Wacht auch in das gemayn Frauenhaus« gegangen; zur Strafe wird er entlassen und ins Gefängnis gesteckt.
Für Ehemänner ist das Frauenhaus »verpotten«. Weil der Rat ein Auge zudrückt, schimpft 1512 der Würzburger Bischof, schon seit zwei Jahren habe man Geduld mit den Ehebrechern in Heilbronn. Nachdem bisher »keine gemeine offene Rug wie anderwärts« ausgesprochen worden sei, müsse endlich eingegriffen werden! Dem Rat soll es besonders peinlich gewesen sein, weil zu den Freiern auch verheiratete Ratsherren gehört haben.
Anno 1504 überleben 15 von 17 Insassen das Franzosenhäuslein vor dem Sülmertor, zwei sind an der Franzosenkrankheit gestorben; so nennt man damals die Syphilis, weil sie angeblich von den Franzosen eingeschleppt worden sein soll. Allgemein empfindet man großes Mitgefühl, weil die »mala franzosen wie das feber oder kalt we und ander will seltzame krankhaiten von dem allmechtigen über die menschen verhenckt« worden sei.

Das Schwibbogenhaus bildete mit drei Straßendurchgängen den oberen Abschluß der Schwibbogengasse zwischen Sülmerstraße, in deren Richtung dieses Bild aufgenommen wurde, und der Lammgasse. Getragen wird das fränkische Fachwerkhaus von vier Reihen starker Holzpfosten und dem Mauerwerk rechts und links. In der malerischen Gasse lebten mehrere Weingärtner. Häufig hingen vor ihren Türen ein Besen oder ein Faßreifen mit Rebenlaub, die ein offenes Besenwirtschäftle ankündigten

Hinterhofidylle mit Blick auf Kiliansturm

Über den Dächern von Altheilbronn: Blick aus dem Süden zur Kilianskirche. Rechts Fleiner Straße und Kiliansplatz

Altheilbronn 1927. Die historischen Bauten der ehemaligen Reichsstadt mischen sich mit dem Stil der Gründerjahre. Die alten Stadtgrenzen hat Heilbronn schon im 19. Jahrhundert überschritten. In der Mitte das Rathaus und der Marktplatz, rechts daneben Kiliansturm, Kilianskirche und Kiliansplatz, darüber der Hafenmarktturm an der Sülmerstraße. Halblinks unten der Deutschhof mit St. Peter und Paul, links oben blitzt der Neckar auf. Rechts im oberen Drittel: Theater, Allee und Oststadt. Im Hintergrund von links: Industriegebiet, Bahnlinie nach Neckarsulm, Nordstadt und Lehrerseminar

Fachwerkstadt

Altheilbronn ist eine Fachwerkstadt. Während die öffentlichen Gebäude meistens aus dem beim Jägerhaus gebrochenen Sandstein gebaut worden sind, haben die Weingärtner, Bauern, Handwerker und Kaufleute bei ihren Wohnhäusern zünftige Holzkonstruktionen bevorzugt. Nach Untersuchungen von Willi Zimmermann besteht die Altstadt vor dem Zweiten Weltkrieg etwa zu drei Vierteln aus Fachwerkhäusern. Nur selten gibt es reichsstädtische Steinhäuser wie das Käthchenhaus oder das Imlinsche Haus in der Kirchbrunnenstraße mit drei Steingeschossen und Fachwerkgiebel.
Mit dem technischen Fortschritt im 19. Jahrhundert schwindet allerdings das Verständnis für die schlichte Schönheit der alten Holzbaukunst. Prunkvolle Neubauten aus Stein entstehen. Um den Fachwerkhäusern daneben ein städtisches Aussehen zu geben, decken die Bewohner das farbige Holzwerk mit den hellgetünchten Gefachen unter einem alles gleichmachenden Verputz zu; und die Stadt fördert die Gipserei!
»Das gute Alte wurde dem Zeitgeist geopfert«, klagt Zimmermann. Schmunzelnd erinnert man sich, was Karl Julius Weber 1826 den Heilbronnern ins Gästebuch geschrieben hat: »Das gesellige Leben war weit weniger steif als in andern Reichsstädten von weit größerer Bedeutung. Aber die guten Heilbronner, denen man dieses zu oft vorgesagt haben mogte, fielen nun in ein anderes Extrem: sie wähnten Großstädter zu seyn!«
Die meisten Fachwerkhäuser, unter denen man sowohl die schwäbisch-alemannische als auch die fränkische Konstruktion findet, stammen aus dem 16. bis 18. und vereinzelt aus dem 15. Jahrhundert. An der Stelle des Cafés Noller soll eines der ältesten deutschen Fachwerkhäuser (um 1300) gestanden haben. Das älteste datierte Fachwerkhaus ist das Lachmannsche Haus Klostergasse 4 (1433).
Mit dem Reichtum ihrer Formen und den überkragenden Geschossen haben die Fachwerkhäuser das malerische Heilbronn geprägt, am Marktplatz ebenso wie in den verwinkelten Straßen und Gassen. Zu den schönsten zählt gewiß die Sichersche Apotheke. Allesamt haben sie einen ebenso stattlichen wie heimeligen Reiz ausgestrahlt! Man denke nur an die »Hohkrähe« Fischergasse 47, die über dem »Burgentor« der ersten Neckarbrükke gebaut worden ist, oder an die Klostergasse 2, vor der ein steinerner Löwe in der rechten Tatze einen wunderschönen Mädchenkopf gehalten hat.
Die Heilbronner besinnen sich in den zwanziger Jahren auf das schmucke Fachwerk und beginnen, den Putz abzuklopfen. Ende der dreißiger Jahre reift der Plan, Straße um Straße systematisch das Fachwerk freizulegen. Aber bei dem Luftangriff am 4. Dezember 1944 wird alles vom Feuer aufgefressen.

Allee um 1835. Die Wolff-Lithographie zeigt die 1753 angelegte Promenade vor dem Wassergraben der östlichen Stadtmauer

Heilbronn sprengt seine Fesseln: Mit dem Abbruch des Adelberger Turms 1808 und dem Bau des Neu- oder Karlstors wird der erste Ausgang durch die Stadtmauer nach Osten geschaffen. Wolffs Steindruck zeigt das Karlstor um 1835 mit Blick auf das Gymnasium

Durchbruch der Kaiserstraße zur Allee 1897: Blick von der Harmonie auf die künftige Kaiserstraße, im Hintergrund der Kiliansturm. Rechts die Werkstatt von Umbach (»Schmied und Wagenbau«). Der linke Straßenzug wird beherrscht vom Roßkampffschen Haus (1790), einem mächtigen Bürgerbarockhaus mit klassizistischen Elementen. Georg Heinrich von Roßkampff war ein bedeutender Bürgermeister. Über dem Keltergebäude links am Eck, heute Baden-Württembergische Bank, wuchsen »hängende Gärten«

Das Straßenkreuz

Was die Menschen in Heilbronn einst und heute besonders schätzen, das macht die Überschaubarkeit, die das »Städtle« trotz aller Veränderungen bietet. Gemeint ist das Rechteck der ehemaligen Reichsstadt in den Grenzen ihrer Stadtmauer, zwischen Fleiner Tor und Sülmertor 1000 Meter lang und vom Neckar zur Allee 500 Meter breit. Nach dem Wiederaufbau der 1944 zerstörten Altstadt hat sich daran nicht viel geändert.

Als Kompaß ragt mitten drin der von überall sichtbare Turm der Kilianskirche empor. Vor dem Ostchor der Kirche kreuzen sich beim Kiliansplatz die »Hauptstraßen«: die Kaiserstraße, die von der Westflanke am Neckar zur Allee im Osten führt, und als Süd-Nord-Achse die Fleiner/Sülmerstraße.

Das Straßenkreuz hat sich aus den alten Handelswegen der Reichsstadt entwikkelt. Das Fleiner Tor im Süden und das nördliche Sülmertor sind bis Anfang des 19. Jahrhunderts die einzigen Zu- und Ausgänge auf der Landseite. Das dritte und wichtigste Tor steht im Westen an der Neckarbrücke, ursprünglich auf Höhe der Kirchbrunnenstraße. 1867 wird die Brücke etwa 100 Meter nach Norden verlegt und mündet seitdem in die Kaiserstraße, die damals Kramstraße heißt.

Nach Osten führt jahrhundertelang kein Tor aus der Stadt, der Handel gen Weinsberger Sattel zieht durch das Sülmertor und entlang des Karmeliterklosters beim heutigen Alten Friedhof. Als erste Öffnung nach Osten wird 1808 der Adelberger Turm abgebrochen und das auch Neutor genannte Karlstor zur Allee auf Höhe der Karlstraße geschaffen.

Unter dem legendären Oberbürgermeister Paul Hegelmaier vollzieht sich vor der Wende zum 20. Jahrhundert ein entscheidender Fortschritt. Die Stadt hat damals rund 34 000 Einwohner, 2300 Wohnhäuser und 58 Fabriken mit 9000 Beschäftigten. Rechtzeitig zur großen Kunst-, Industrie- und Gewerbeausstellung 1897 rund um die Stadtkelter zuckelt nicht nur die erste elektrische Straßenbahn vom Bahnhof zur Harmonie, sondern wird dafür auch die Kaiserstraße nach Osten zur Allee durchgebrochen.

Mit den Vorbereitungen für diese neue West-Ost-Achse, die durch die Stadt den Bahnhof mit der Moltkekaserne verbindet, hat man bereits 1894 begonnen. Mehrere Häuser am Kiliansplatz müssen abgebrochen werden, darunter die berühmte Weinstube des Bäckers David Gräßle. Am 1. März 1897 erfolgt der Durchbruch zur Allee; und am 22. März wird die Straße vom Neckar zur Allee in Kaiserstraße umbenannt.

Kaiserstraße 1928 (links) und 1910: Blick von der Neckarbrücke nach Osten, im Hintergrund der spitze 77-Meter-Turm der Friedenskirche (1899). Die elektrische Straßenbahn fährt seit der Premiere am 29. Mai 1897 durch die Kaiserstraße. Auf dem linken Bild die Fachwerk- und Geschäftshäuser am Marktplatz, darunter seit 1912 ein Kino (Central-Theater) in dem ersten »Hochhaus« neben der Sicherschen Apotheke. Auf dem rechten Bild zweigt im Vordergrund links die Gerber- und rechts die Kramstraße ab. Links das Stammhaus der Firma Fuchs (1864) und dahinter die Engelapotheke. Die rechte Häuserflucht der Kaiserstraße wurde beim Wiederaufbau auf die Höhe der Kilianskirche zurückversetzt. Das Bild rechts unten zeigt die Kaiserstraße 1904 aus Richtung Allee

Neckarbrücke vor der Jahrhundertwende: Die älteste Brücke wird erstmals 1344 erwähnt und verlief weiter südlich (rechts), links schloß sich auf dem rechten Ufer das 1871 abgebrochene Spital an. 1867 wurde die neue eiserne Brücke auf den heutigen Standort verlegt und mündete in die Kramstraße (später Kaiserstraße). Das Bild zeigt von links: Haus auf der Hefenweilerinsel, im Hintergrund die Rückseite des Rathauses, Hafenmarktturm, vorn Kramstraße, das schloßartige Postamt (1876) mit zwei Ecktürmen auf dem Spitalgelände, Kiliansturm, Fleischhaus (1600), die Hohkrähe über dem ehemaligen Brückentor und St. Peter und Paul

Viktoria! Kaiserstraße!

Bevor die Kaiserstraße 1897 so bezeichnet wird, hat sie für einzelne Abschnitte verschiedene Namen geführt: Wagnergasse, Unter den Krämen, Kramgasse, Präsenzgasse, Markt- und zuletzt Kramstraße. Zur Kaiserstraßentaufe spöttelt der Dichter Joseph Wachter in Versform:

Was wogt das Volk, was ist geschehen?
Heraus die Flaggen, laßt sie wehen!
Es hat vollbracht der hohe Rat
Heilbronnias die größte That.
Viktoria! Sie wird nun werden
bedeutungsvollste Stadt auf Erden,
bedeutungsvoll in höchstem Maß:
Wir haben eine Kaiserstraß'!
Heilbronn, Heilbronn, du bist geborgen,
vorüber jede Not und Sorgen.
Doch hört ihr Herren, darf man fragen:
Wie hieß es noch vor wenig Tagen?
Die alte Reichsstadt muß sich wahren
solch Namen, die vor tausend Jahren
gebräuchlich und historisch waren.
Sogar der liebe Doktor Strauß
schaut oft zum Fenster bang heraus,
zur alten Sülmermühl hinüber.
Und ach! Sein Herz wird trüb und trüber.
Der Rathauskeller wird errichtet,
das alte Käthchen hergerichtet,
wozu selbst Wachter Verse dichtet.
Gedenkend alter Zeiten Sturm,
beleuchtet man den Götzenturm.
Der Kirchbrunn', er soll auferstehen,
die Kramstraß' aber untergehen.
Warum denn? fragen nah und fern
sich Tausende von Damen, Herrn.
Die Straß', wo Handelsfirmen blühten,
die Meister fleißig sich bemühten,
die Arbeit ihre Früchte trug,
klingt heute nicht mehr »schön« genug.
O! Käm' der Kaiser selbst nach Jahren
einmal durch diese Straß' gefahren,
er würde sinnen Tag und Nacht:
»Was hat der Stadtrat wohl gedacht?«
Wohl gibt's drinnen Teppich, Kissen,
manch' guten Trunk und feinen Bissen,
viel Kochgeschirr und Eisen, Stahl,
Papier, Couverte ohne Zahl.
Und selbst zwei Advokaten fein,
sie fristen da ihr Erdensein.
Man kann sich lassen dort rasieren,
zu Ball und Hochzeit fein frisieren,
und Mittel gibt's für Bauchweh, Gicht.
Doch Kaiserstraße ist das nicht.
Wer aber jetzt nicht geht in sich,
ganz waschecht wird und kaiserlich,
der muß in kleine Gäßlein laufen
und dorten seinen »Kram« einkaufen.

Kiliansplatz 1929: Mit der Einführung der Straßenbahn und dem Durchbruch der Kaiserstraße entwickelte sich der Kiliansplatz östlich der Kilianskirche zur Drehscheibe des Verkehrs. Von hier fuhren die »Spatzenschaukeln« in alle Richtungen. Im Hintergrund Sülmerstraße mit Hafenmarktturm. Die Gebäude verkörpern den etwas pompösen Stil der Gründerjahre und der Jahrhundertwende mit Türmchen, Erkern und Blendgiebeln. Links Haus Dussling (1904), gegenüber Barbarinoeck (1899), nach dem Zigarrengeschäft C. Barbarino (1934) benannt, rechts Haus Jooß (1897)

Mitte: Kaffee und Torte für 50 Pfennig. Meister Däuber mit seinem Team vor dem »Frauencafé« in der Fleiner Straße

Unten: Kiliansplatz um 1835

Bauern, Mönche, Prominenz

Weingärtner, Mönche, Krieger und viel Prominenz geben der Sülmerstraße ihr historisches Gepräge. 1333 ziehen die Weinbauern von Altböckingen in die nördliche Reichsstadt. Ihre Nikolaikirche (1351) hat unter allen Kirchen die bewegteste Geschichte; 1525 protestantisch, mal Zeughaus, Hospital, Turnhalle und Kundgebungslokal, seit 1851 wieder Gotteshaus. Gleich nebenan hat Robert Mayer im Kirchhöfle gewohnt.

Das Herz der Straße schlägt am Hafenmarkt, der seinen Namen einem Häfeles- und Geschirrmarkt verdankt. Mitten auf dem Platz steht der St.-Georgs-Brunnen (1593) mit der inzwischen dritten Figur des Drachentöters. Beherrscht wird alles vom Hafenmarktturm, dem letzten Zeugen des Klosters der Barfüßer (1272), wie man die Franziskaner wegen des Verzichts auf Schuhwerk genannt hat. Nach der Brandschatzung der Franziskanerkirche 1688 durch die Franzosen hat die Stadt 1727 und auch nach 1944 den Turm als Gedenkstätte wiederaufgebaut.

Zuerst die Lateinschule und zuletzt die Mädchenmittelschule bis 1944 haben die ehemaligen Klostergebäude belebt, die mehrfach umgebaut worden sind. Als letztes Dokument altschwäbischer Klosterkultur wird 1928 der frühgotische Kreuzgang auf der Ostseite des Hafenmarkts abgebrochen. Auf dem Gelände des Kraichgauarchivs steht heute das Bekleidungshaus Zimmermann. An den Kaisheimer Klosterhof südlich des Hafenmarkts erinnert ein Wappenstein, den Dr. Rudolf Brauch am Neubau Sülmerstraße 24 angebracht hat.

Die große Welt gibt sich im 18. und 19. Jahrhundert in einem Hotel in der Sülmerstraße 52 die Türklinke in die Hände. Die Gästeliste der Heinrichs in der »Sonne« reicht von König Friedrich bis Kaiser Wilhelm I. und Graf Zeppelin, vom Philosophen Schelling über die Kaiserin von Brasilien bis zu den Dichtern Schwab und Uhland. Auch Goethe hat hier 1797 seinen 48. Geburtstag verbracht.

Daß Schiller 1793 ein halbes Jahr hier gelebt hat, wie die 1859 enthüllte Gedenktafel verkündet hat, stimmt nicht. Aber ein Monat ist es gewesen, zuerst in der »Sonne« und dann bei Ruoffs in der Sülmerstraße 101. Geheilt hat ihn Dr. Gmelin nicht. Aber in Senator Schübler hat er das Vorbild für den Astrologen Seni im »Wallenstein« gefunden.

Hafenmarktbrunnen 1913: Aus dem achtseitigen Brunnenkasten ragt eine Säule mit dem Drachentöter St. Georg auf einem Pferd. Das Wasser fließt aus acht Röhren und vier Speiern. Im Hintergrund der ehemalige Barfüßerkreuzgang

Einhornapotheke um 1930: Die 1604 gegründete Apotheke hieß zeitweise auch Neubauersche Apotheke. Wahrzeichen des Rokokobaus (1764) war an der Ecke Sülmer-/Lohtorstraße die Bildsäule des Äskulap, 1797 von Goethe bewundert

Sülmerstraße 1911: Blick vom Hafenmarkt zur Kaiserstraße. Links schmiegt sich das Erkerhaus Gerock-Schwarz an den Hafenmarktturm. Im Hintergrund Barbarinotürmchen und Kiliansplatz

Fleiner Straße im ersten Kriegsjahr 1914: Das Lichtspielhaus Kilian bringt schon im September »die neuesten Nachrichten vom Kriegsschauplatz« mit »hochaktuellen« Aufnahmen von den Siegen bei Namur und Lüttich im Verlauf des deutschen Vormarschs durch Belgien. Im Hintergrund die Kilianskirche. Die »Spatzenschaukel« ist auf der Fahrt zum Südbahnhof und nach Sontheim

Hauptbahnhof um 1900: Nach dem ersten Bahnhof (1848) bei der Neckarbrücke wurde 1874 der neue Hauptbahnhof am heutigen Standort eingeweiht. Das Renaissancebauwerk hat zwei hochragende Seitengebäude und einen etwas niedrigeren Mittelbau, die durch Arkaden miteinander verbunden sind. Der Bahnhof wurde 1944 zerstört und 1950 durch einen kubischen Zweckbau ersetzt

Bahnhofsvorstadt

Mitten im Revolutionsjahr 1848 kommt am 25. Juli erstmals ein Eisenbahnzug aus Stuttgart in Heilbronn an; vorher sind die ersten Loks 1825 in England, 1835 in Nürnberg und 1845 in Württemberg losgebraust. Heilbronns Bahnhof steht zunächst unweit der Neckarbrücke auf dem linken Flußufer und ist Endstation; die Dampflokomotive wird auf einer Scheibe gedreht. Erbauer der Strecke ist der in Heilbronn gebürtige Karl Etzel, der später auch die Brennerbahn plant.

Brücken über den Wilhelmskanal und drei Neckararme müssen für die Kochertalbahn nach Hall (1862) gebaut werden; danach geht's durch den längsten Tunnel in Württemberg unter dem Galgenberg hindurch nach Weinsberg. Durchsickerndes Wasser verursacht Probleme beim Tunnelbau; es heißt, die »Berggeister« hätten sich verschworen, um »den kühnen Männern, welche jetzt überallhin ihren Eisenbahnschienen und damit dem Materialismus die Bahn brechen wollen, allerlei Schabernack zu spielen«. Aber der Fortschritt siegt, der erste Zug wird »gleich einem Phönix begrüßt«.

Die Eisenbahn löst die Postkutschen ab, konkurriert mit dem Neckar und belebt die künftige Bahnhofsvorstadt. Als 1838 ein gewisser Knorr die »Cichorien-Caffee-Fabrik C. H. Knorr« auf dem linken Ufer vor dem Brückentor gegründet hat, liegt die Firma noch mitten im Niemandsland, erreichbar nur über einen Feldweg. Mit der Bahn ändert sich das, bis 1900 entsteht ein neuer Stadtteil.

Wie ein Schloß sieht der neue Bahnhof aus, der 1874 draußen vor der Stadt im Stil der Neurenaissance auf dem heutigen Standort eingeweiht wird. Nachdem schon seit 1866 die Neckartalbahn bis Jagstfeld führt, kommen die Kraichgaubahn (1878) nach Karlsruhe und 1900 der »Entenmörder« auf der Schmalspur der Bottwartalbahn nach Marbach hinzu. Zu Beginn des 20. Jahrhunderts dampft's von Heilbronn aus in alle Richtungen.

Gleichzeitig wächst das städtische Bahnhofsnetz: Sülmertor (1894), Karlstor (1896), Südbahnhof und Sontheim (1900) nebst Böckingen (1901). Die Industrie bekommt die Salzbahn nach Neckarsulm (1886) und eine Bahnlinie zum Salzwerk. Für den Rangierbahnhof (1894–1900) wird ein Teil des Böckinger Sees zugeschüttet. Mit dem Bau des Lerchenbergtunnels (1900) schließt sich die Ringbahn (1901) vom Süd- zum Hauptbahnhof.

Die »großstädtische Beleuchtung« vom Bahnhof zur Neckarbrücke sei eindrucksvoll, heißt es 1892 in der »Kölnischen Zeitung« in einem Reisebericht. »Wie modern man doch im Schwabenlande ist! Da führt vom Bahnhof nach der Stadt eine Straße, die von vornehm stilvollen Häusern auf der einen, von Buschanlagen auf der anderen Seite gesäumt ist, und über dem Straßenkörper schweben, gerade wie in Berlin Unter den Linden, auf ganz feinen geschmackvollen Eisengestellen elektrische Kugellampen.«

Fürwahr eine Weltpremiere ist 1891 die elektrische Kraftübertragung mit hochgespanntem Drehstrom von Lauffen zur Frankfurter Ausstellung gewesen! Portland-Cement gründet 1892 das Elektrizitätswerk Heilbronn-Lauffen, das die Stadt mit Strom versorgt. 1896 muß das Wasserkraftwerk Lauffen durch ein 500-PS-Dampfkraftwerk in Heilbronn unterstützt werden.

Um den Bahnhofsplatz, den ein monumentaler Jugendstilbrunnen (1888) schmückt, sammeln sich im Lauf der Zeit stattliche Hotels wie das »Royal« (1905), später auch »Bundschuh« und »Königshof« genannt, das »Kunz« (1909), das zum »Central« (1912) wird, der »Elefant« oder der »Kronprinz«, der als einziges Hotel von allen überlebt hat. Am Bahnhofsplatz erinnert das Postamt II (1908) an Altheilbronn.

Zu den »großen Bahnhöfen« zählt der Empfang für König Wilhelm II. am 9. November 1906. Morgens um 9.40 Uhr ist er angekommen, die Honoratioren verbeugen sich, Majestät haben huldvoll gegrüßt und sind in einer Kutsche mit zwei Rappen losgefahren, um auf der

Theresienwiese zum hundertjährigen Bestehen des 122er Regiments eine Parade von 10 000 Ehemaligen abzunehmen.
Mit dem Durchbruch des Neckarkanals (1952) ist die Bahnhofsvorstadt unmerklich Teil einer großen Insel zwischen Kanal und Stadtfluß geworden. Gleichzeitig droht keine Gefahr mehr durch Hochwasser, das früher oftmals die Wiesen zwischen Böckingen und Heilbronn überflutet hat. In Trockenzeiten haben hier große Militärparaden stattgefunden. Anno 1815 nach Napoleons Flucht von Elba sammelt sich ein Teil seiner Gegner unter Kaiser Franz und Zar Alexander in Heilbronn. Bei dem Maria-Theresia-Ordensfest am 1. Juni auf den Böckinger Wiesen paradieren 10 000 Mann vor 126 Fürsten und Generälen; ein Gedenkstein (1861) erinnert an dieses Fest, dem die Theresienwiese ihren Namen verdankt.
1859 läßt König Wilhelm auf dem Bökkinger Feld 17 000 Soldaten wieder einmal gegen Frankreich aufmarschieren; zwölf Mann sterben an Hitzschlägen, aber der Krieg fällt zum Glück aus.
Statt Paraden gibt's heute Feste und Ausstellungen auf der Theresienwiese, darunter das Unterländer Volksfest, das 1926 als »Vergnügungswoche« begonnen hat.
Schmuckstück der Bahnhofsvorstadt ist das Schießhaus mit dem herrlichen Rokokofestsaal an der Frankfurter Straße (1771, Johann Christoph Keller). Das zweigeschossige Gebäude hat buchstäblich Hochs und die Tiefe überlebt. Weil die Straße 1877 wegen Hochwassers angehoben wird, liegt das Schießhaus plötzlich »unter der Erde«. Nebenan entsteht 1880 der städtische Schlachthof.
»Aratri commodo et armorum lusui« heißt es zum Zweck des Schießhauses, das für den Vieh- und Krämermarkt auf dem angrenzenden Hammelwasen und für den Schießsport bestimmt ist. Bald wird es ebenso als Theater und Gesellschaftslokal, 1813 zur Quarantäne für typhuskranke Rußlandheimkehrer, in den stürmischen 1848/49ern als Versammlungslokal und oft für Lieder- und Turnfeste benutzt. Auf dem Hammelwasen finden nach 1900 auch Arbeiter-, Kinder- und 1.-Mai-Feste statt.
Das unzerstörte Schießhaus dient nach 1945 als erstes Kulturzentrum und heute als Mittelpunkt festlicher Gesellschaften; Rauchverbot schützt die Stuckdecken.

Bahnhofsplatz um 1913: Mitten auf dem Platz steht ein monumentaler Jugendstilbrunnen (1888) mit drei Schalen übereinander und umgeben von Gaslaternen. Im Hintergrund das Postamt II (1908) im Stil der Renaissance mit einem mächtigen Turm und verzierten Giebeln und Erkern; das Gebäude hat den Krieg ohne Schaden überstanden. Halbrechts das pompöse Hotel »Royal«, rechts das Hotel »Central«

Bahnhofsvorstadt 1905: Beim Gasthof »Drei König« treffen sich die Frankfurter Straße (links) und die Roßkampffstraße, die man nicht mit einem »f« schreibt, wie es die Stadt tut, sondern mit »ff«; sie erinnert nicht an einen Kampf der Rösser, sondern an den Bürgermeister von Roßkampff (1720–1794). Rechts im Hintergrund der Bahnhof

Bismarckdenkmal um 1912: Zum fünften Todestag des eisernen Kanzlers wurde das durch eine Bürgerinitiative finanzierte Denkmal am 30. Juli 1903 in der »Neckarlust«-Anlage bei der Neckarbrücke enthüllt; gestaltet von Bildhauer Emil Kiemlen nach einem Entwurf von Professor Otto Rieth. Das Bronzedenkmal thront auf einem Steinsockel in einem Ehrenhof; zwei Eckpfosten mit den Reliefs einer gekrönten und einer geflügelten Germania. Heute steht an gleicher Stelle nur noch das Denkmal ohne Ehrenhof. Im Hintergrund das ehemalige Postamt und St. Peter und Paul

Lohtorstraße (links): Älteste bekannte Straße in der Altstadt, 1324 als Judengasse erwähnt. Im Keller der »Fischerstube« (Nr. 22) fand man den Gedenkstein für Nathan den Vorsänger. Das Bild zeigt den Blick zum Hafenmarkt um 1908. Rechts steht heute noch das Schuhhaus Holzäpfel mit einem Neubau an gleicher Stelle. 1912 gab es in der Lohtorstraße elf Wirtschaften, darunter der »Goldene Stern« von Wilhelm Utz und die Restauration von Friedrich Zoll (links)

Blick in die Hohe Straße um 1917 (Mitte): Links das Tapezier- und Dekorationsgeschäft H. Stiefel, rechts die Villa Schliz. Die Straße heißt heute Am Wollhaus

Wilhelmstraße um 1908 (unten) mit Blick in Richtung Fleiner Tor

Gräßles-Gesellschaft

Gemütlich und tiefsinnig, kurzum so recht dem Heilbronner Geist entsprungen, das ist die Gräßles-Gesellschaft: ein 1845 gegründeter Stammtisch, der bis auf den heutigen Tag als geselliger, geistreicher und exklusiver Kreis besteht.
Der Namen stammt von dem Bäcker David Gräßle (1801–1858). In seiner Weinwirtschaft am Kiliansplatz haben sich nach 1840 die Heilbronner Geistesgrößen und Honoratioren getroffen und am 1. März 1845 die Gräßles-Gesellschaft gegründet; sie wird auch »Herbulanum« genannt, wie man den Namen Gräßle scherzhaft ins Lateinische übersetzt hat.
Herz des »illustren Kreises« (Gerd Kempf) ist der Arzt Dr. Philipp Friedrich Sicherer gewesen, »ein Mann von vielseitigem Interesse und sprudelndem Witz, temperamentvoll, originell bis zum Sprudelhaften, derb, aber mit einem Herzen voller Güte« (Moriz von Rauch). Um Herzog Karl Eugen, von dem er angeblich abstammt, betreibt der liebevoll »Imperator« titulierte Sicherer einen rechten Kult; bei einem Fest 1849 erteilt er allen Mitgliedern unter feierlichen Worten mit Karl Eugens Jagddegen den Ritterschlag.
Geistiger Mittelpunkt der ersten Gräßles-Gesellschaft ist der revolutionäre Theologe David Friedrich Strauß (»Leben Jesu«), der Blüte und Untergang seiner ungewöhnlichen Ehe mit der Sängerin Agnese Schebest in Heilbronn durchlebt. Manchmal beglückt auch Justinus Kerner den Stammtisch. Am Platz der 1897 abgebrochenen Weinstube Gräßle steht heute das Haus Bergdoll (»Kiliansbäck«).

Vom Wunder zum Park

Steine erzählen Geschichten, im Raunen der Blätter und Gezwitscher der Vögel plaudert die Natur. Der Alte Friedhof in Heilbronn ist eines der ungewöhnlichsten Kultur- und Naturdenkmale in Württemberg. Der 1530 neben dem Karmeliterkloster an der Weinsberger Straße angelegte Friedhof ist 1882 aufgelassen und zum Park umgewandelt worden. 220 historische Grabmale, kunstvolle Skulpturen und Reliefs und vielfältige Pflanzen prägen das idyllische Freilandmuseum.

Mit einem Wunder hat alles angefangen. Im 15. Jahrhundert findet Kunigunda, so sagt die Legende, an der Straße nach Weinsberg ein von Brennesseln überwuchertes Muttergottesbild, das zu ihr spricht: »Hier wird die göttliche Macht den sterblichen Menschen viele Zeichen der Kraft und Wunder von Heilungen durch mich erweisen!« Von überall wallfahren Pilger zur »Maria von den Nesseln«. 1447 gründen die Karmeliter neben der Wunderstätte ein Kloster, das 1632 abgebrochen wird. Eine Nachbildung der Madonna steht seit 1661 im Karmeliterkloster in Straubing.

Als steingewordenes Geschichtsbuch sind die Grabmale geblieben und berichten von den Höhen und Tiefen der Stadt und ihrer Menschen. Neben einfachen Steinen prunken Monumente der Macht. Der Bogen spannt sich von den Bürgermeistern der Reichsstadt über Revolutionäre und Fabrikanten bis zu Robert Mayer und dem »Urkäthchen«.

An Johann David Feyerabend und eine Geiselaffäre erinnert eines der eindrucksvollsten Grabmale. Im Pfälzischen Erbfolgekrieg läßt der Rat der Reichsstadt 1688 die Franzosen kampflos einmarschieren. Als sie am 22. Dezember 1688 wieder abziehen, brennen sie die Franziskanerkirche am Hafenmarkt nieder und nehmen Bürgermeister Feyerabend und acht Honoratioren als Geiseln mit. 75 000 Mark Lösegeld kann Heilbronn zunächst nicht aufbringen.

Als erste Geisel darf Feyerabend im März 1690 heimkehren, weil sich sein neunzehnjähriger Sohn Georg-David als Ersatzmann zur Verfügung gestellt hat. Nach der Übergabe des Lösegeldes werden die anderen Geiseln im Mai 1690 freigelassen. Pfarrer Staehle hat 1900 über diesen Vorfall unter dem Pseudonym Philipp Spiess den Roman »Der Bürgermeister und sein Sohn« geschrieben.

Alter Friedhof: Kriegerdenkmal und Kolbsches Häusle um 1914 (oben) und Parkidylle um 1911 (unten). Das sarkophagähnliche Kriegerdenkmal erinnert an die Gräber von sechzehn Soldaten, die beim Frankreichfeldzug 1870/71 im Heilbronner Lazarett gestorben sind. Das Kolbsche Häusle steht heute nicht mehr

Das Kaiser-Wilhelm-Denkmal um 1911 auf der Allee vor der Harmonie (Mitte), wo es 1893 enthüllt worden war. Weil es nach 1945 den Verkehr und die Republikaner gestört hatte, stellte man es in den Alten Friedhof. Auf dem Platz stand ursprünglich das Leichenhaus (1840), das sich 1916 zum Robert-Mayer- und 1935 zum Alfred-Schliz-Museum wandelte und 1944 durch Bomben zerstört wurde

Jüdische Mitbürger

Die Anfänge der Juden in Heilbronn, die eine der ältesten Gemeinden in Württemberg bilden, werden im 9. Jahrhundert vermutet. Frühestes Zeugnis ist ein Gedenkstein für Nathan den Vorsänger (»Nathan ha parnes«) aus dem 11. Jahrhundert, gefunden in der Lohtorstraße; die Straße zwischen Neckar und Hafenmarkt wird 1324 Judengasse genannt. An der Stelle der Ursynagoge entsteht später die Einhorn-Apotheke.

Dem ersten Pogrom 1298, bei dem der fränkische Adlige Rintfleusch zahllose Juden in Süddeutschland massakriert, fallen 143 Kinder Israels in Heilbronn zum Opfer. Wiederanfang und Verbote, Vertreibung und Rückkehr bestimmen jahrhundertelang das wechselvolle Schicksal der Juden. Nachdem Württemberg 1828 die Gleichberechtigung der Juden eingeleitet hat, wird erstmals 1831 der Tuchmacher Isidor Veith als Bürger aufgenommen und 1849 Moritz Kallmann in den Gemeinderat gewählt.

Aus dem 1857 von Liebmann Strauss gegründeten Israelitischen Wohltätigkeitsverein entsteht 1861 eine jüdische Gemeinde, die 1877 an der Allee eine Synagoge einweiht. 1885 sind 1014 von 27758 Einwohnern jüdischen Glaubens. Am Ersten Weltkrieg nehmen 191 der 861 jüdischen Mitbürger teil; 28 kommen ums Leben, 48 werden verletzt. In den zwanziger Jahren blüht die jüdische Gemeinde auf; daneben bildet sich auch eine orthodoxe Religionsgesellschaft mit eigenem Betsaal. Die Juden befruchten das wirtschaftliche und kulturelle Leben und spielen eine anerkannte Rolle in der bürgerlichen Gesellschaft. Persönlichkeiten wie die Rechtsanwälte und Stadträte Dr. Siegfried Gumbel und Max Rosengart, der zum Ehrenbürger ernannt wird, spielen eine wichtige Rolle.

Mit der NS-Zeit beginnt 1933 das grausamste Kapitel. Boykotts der jüdischen Geschäfte, Verfolgung, »Arisierung« ihres Besitztums und der Synagogenbrand am 10. November 1938 sind Vorboten der »Endlösung«, die am 21. November 1941 mit der ersten Deportation beginnt. Mehr als 200 jüdische Frauen, Männer und Kinder aus Heilbronn werden in den Konzentrationslagern ermordet.

Hans Franke hat das Schicksal der Heilbronner Juden 1963 in einem Buch dokumentiert. Mit Wochen der Begegnung bemühen sich Oberbürgermeister Dr. Manfred Weinmann, Gemeinderat und ein Bürgerkomitee seit 1984 um ein neues Miteinander mit den ehemaligen jüdischen Mitbürgern in aller Welt. Ein Synagogengedenkstein (1966), eine Mahntafel (1984) und eine Gedenkstätte (1987) mit den Namen aller jüdischen NS-Opfer erinnern an ihren Leidensweg.

Die Synagoge im klassizistisch-maurischen Stil wurde 1877 an der Allee eingeweiht und 1938 zerstört; rechts Villa Härle. Heute steht an gleicher Stelle das Bott-Kino-Center

Fußballelf des Heilbronner Reichsbundes Jüdischer Frontsoldaten im Jahr 1937

Friedenskirche und Oststadt um 1930: Links führt die baumbestandene Moltkestraße zur Moltkekaserne, rechts die Friedenskirche, mit ihrem 77 Meter hohen Turm das höchste Bauwerk in Altheilbronn, dahinter das berühmte Villenviertel. Die von Professor Vollmer im romanischen Stil 1899 auf dem Kaiser-Wilhelm-Platz erbaute Kirche bildet im Grundriß ein Kreuz mit kurzem Stamm und breiten Armen. Besonderheiten waren zwei 7,50 Meter große Rosenfenster, der von zwei Säulen getragene Altar und eine mit Edelsteinen besetzte Bibel. Die im Krieg zerstörte Kirche wurde 1947/52 abgebrochen. In Erinnerung an die Friedenskirche heißt der Platz heute Friedensplatz

Wollhausplatz

Ein Fuhrmann hat anno 1587 einen Wagen voll Tüchern aus Nürnberg nach Heilbronn gebracht, um sie allhier zu verkaufen und ein paar Fässer guten Weins zu erwerben. Beim Verkosten gerät er an den süffigen Hundsberger; und weil ihm der so mundet, trinkt er immer und immer noch einen, bis er kein Geld mehr hat. Die Flur, von der dieser Wein stammt, heißt seitdem »Wollendieb«, wie eine Steintafel verrät:
»Hundßberg bin ich genandt,
Vielen Furleuten wol bekandt.
Wer mich drinckt, der hat mich lieb,
Darum heiß ich Wollendieb.«
Zentrum des Handels ist ab dem 19. Jahrhundert der spätere Wollhausplatz vor dem Fleiner Tor: 1818 bis 1905 Wollmarkt, 1853 Ledermarkt und Bau eines Wollhauses, 1867 Obstmarkt, 1903 Botenmeisterei im Wollhaus, 1906 Pferde-, Wagen- und Sattlermarkt. Beliebter Mittelpunkt ist 1892 bis 1972 das Stadtbad. Markante Gebäude haben sich ringsum gruppiert: die pompejanische Villa Goppelt, in der NS-Zeit das berüchtigte »Braune Haus«, Fleiner Torhaus, das in den 1880er Jahren abgebrochene Klarakloster, königliches Oberamt, Reichsbank, Druckhaus der Neckar-Zeitung, Synagoge, Oberamtssparkasse und Reithaus, das nach einer Pause ab 1925 wieder für den Reitsport geöffnet wird.
Heute findet man nur noch ein Mauerstück des Klaraklosters hinter der Commerzbank. Auf dem Platz stehen der Kaufhof und ein Busbahnhof, umgeben von Staatsbehörden, Geschäftshäusern, »Stimme«-Hochhaus, Hans-Rießer-Haus, Kreissparkasse und McDonald's.

Mönchseestraße 1909. Im Hintergrund die Friedenskirche, davor das Realgymnasium

Blick um 1909 von der Oststraße in die Wollhausstraße Richtung Wollhausplatz

Der Berge König

Mit sonnigen Weinberghängen und einem Turm obenauf prägt der 308 Meter hohe Keuperhügel seit Jahrhunderten die Heilbronner Landschaft. Urkundlich wird der Wartberg 1146 als »Nordberg« erwähnt. Von König Ferdinand über Goethe bis Richard Wagner hat der Heilbronner Hausberg viele berühmte Besucher und ungewöhnliche Zeitgenossen gelockt.
Vom Gipfel bietet sich ein großartiger Ausblick aufs »Städtle« und eine Rundschau, die vom Hohenneuffen im Süden über die Vogesen im Westen bis zum Katzenbuckel im Norden reicht. Der Dichter und Musiker Schubart schwärmt 1773: »Die Aussicht vom Wartberg herab ist, nächst dem Donautal, gewiß der herrlichste Anblick von ganz Deutschland!« Die 1892 vom »Verein zur Hebung des Fremdenverkehrs« geplante Drahtseilbahn auf den Wartberg ist allerdings ein Wunschtraum geblieben.
Als westlicher Ausläufer der Löwensteiner Berge schiebt sich der Wartberg im Nordosten von Heilbronn wie ein Vorgebirge in das Neckartal. Oben und an den Abhängen gen Norden und Osten ist er mit Wald bedeckt, der Stadt im Süden zeigt er seine rebenbestückte Sonnenseite. Mit dem Wartberg beginnt jener nur vom keilförmigen Einschnitt des Weinsberger Sattels unterbrochene Waldhorizont, der über den ansteigenden Weinberghängen den krönenden Hintergrund von Heilbronn bildet.
Vom Wartberg fließt ein kräftiger Schluck des Ruhms der Heilbronner Weinfeste. Die Begeisterung für den »Trollingerberg« ist so groß, daß man mit ihm sogar Schwüre bekräftigt hat. Karl Theodor Griesinger berichtet 1839: »Wenn ein Heilbronner oder Einer aus der Gegend hoch schwören will, so schwört er beim Wartberg, wie die Juden und Portugiesen bei ihrem Barte.« Daß viele schöne Weinberghäuschen und die Hohlwege der Flurbereinigung zum Opfer gefallen sind, bedauern nicht nur die Wengerter.
Nach den Spuren eines Ringwalls steht vor etwa 3000 Jahren eine Volksburg auf dem Gipfel. Unklar ist der Ursprung des 30,40 Meter hohen »Wartthurms«, dessen erhöhten Eingang man einst nur über eine Zugleiter erreicht hat. Die Oberamtsbeschreibung 1865 mutmaßt als Erbauer die Grafen von Calw, »damit mit Fahnen, Feuer und Rauch über das Land hinweg signalisiert werden konnte«. Im 12. Jahrhundert schenkt die Pfalzgrafentochter Uta den Nordberg zum Heil ihrer Seele dem Kloster Hirsau. Später kauft Heilbronn den Berg und läßt die Wächter auf dem Wartberg und auf St. Kilian miteinander »correspondiren«.
Der »Knopf der Knöpfe« hat sogar Goethe fasziniert. Das knopfähnliche Gebilde aus Eisen (1498) und zuletzt Kupfer (1610) ist als Signalzeichen an der Helmstange auf dem Wartbergturm hochgezogen und niedergelassen worden. Mit den verschiedenen Positionen hat man den Menschen drunten in der Stadt und in der Umgebung bestimmte Zeichen gegeben. Nach der ältesten Beschreibung von Merian um 1700 hängt der Knopf meistens oben: »Außer wenn etwan Reuter kommen, so muß der Wächter den Knopf hernider lassen, damit der auff dem Kirch Thurn in der Statt Hailbronn solches sehen und durch Trompeten Schall, es sey Kriegs- oder Friedens-Zeiten, die Reuter anzeygen könne.« Zwischen 11 und 12 Uhr wird der Knopf herabgelassen, »damit die Weingarts Leuth sich mit dem Essen wissen darnach zu richten«.
Goethe bedauert 1797 beim Besuch auf dem Wartberg, daß der Knopf nicht mehr benutzt wird: »Schade, daß dieses Denkmal alter Sinnlichkeit außer Gebrauch gekommen ist.« Als Kuriosität wird der Knopf 1868 auf einer Steinpyramide hinter dem Turm aufgestellt. Der Verschönerungsverein hängt 1881 einen Weidenkorb auf, der den Heilbronnern das Wetter vorhersagt: Hängt der Korb oben, wird's schön, in der Mitte heißt »veränderlich«, unten wird's trübe und schlecht. Knopf und Korb sind im Zweiten Weltkrieg verschwunden.
Mit dem letzten Grenzjäger Philipp Jakob Nast beginnt 1764 die Gastronomie auf dem Wartberg. Die Reichsstadt erlaubt ihm, Hütten und einen Park anzulegen und Erfrischungen auszugeben. 1792 baut er ein zweiflügeliges Wirtshaus mit einem Tanzsaal, der mit dem Herbst eingeweiht wird. Die Gaststätte ist zuletzt 1984 erweitert worden.
Der erste Wartberg-Wirt ist ein Original, das Justinus Kerner im »Bilderbuch aus meiner Knabenzeit« schildert. Höhepunkt des abenteuerlichen Lebens von Nast ist das »amerikanische Nilpferd«, mit dem er auf der Frankfurter Messe sogar Wissenschaftler genarrt haben soll. Das exotische Tier ist in Wirklichkeit ein Gaul, der alle Haare verloren hat. Auf dem Wartberg zeigt er einen trommelschlagenden Hasen, einen wahrsagenden Esel und einen angeblichen Reithirsch.
Zu Nasts Gästen gesellt sich auch der »Salzburger«, den Kerner persönlich erlebt. Das »Josephle«, wie man den geheimnisvollen Fremden nennt, soll durch den Treuebruch eines Freundes und eine unglückliche Liebe im Salzburger Land wahnsinnig geworden sein. So irrt er nun durch die Wälder des Unterlandes, spricht »lateinisch und griechisch und spielte auf dem Klavier wunderliche Phantasien«. Sein Gang zeige »Grazie und Würde, so auch die Art, mit der er Haupt und Körper mit geschenkten Tüchern umhüllte und auch oft sich mit Blumen bekränzte«. Beim Besuch Kerners betritt auch der »Salzburger« die Gaststätte, angelockt durch die Musik, um nach einem artigen Tänzchen wieder zu entschwinden.
Zum Wartberg zieht es viele Fürsten und Dichter. König Ferdinand schenkt 1634 dem Turmwächter Wölflin sechs Dukaten. Zum Abschied von Heilbronn steigt Schubart 1773 noch einmal hinauf, um »sich den ganzen Zauber der Gegend tief in die Seele zu drücken«. Das Schiller-Gedicht »Der Spaziergang« soll sich auf den Wartberg beziehen, den der Dichter 1793 besucht hat: »Sei mir gegrüßt, mein Berg mit dem rötlich strahlenden Gipfel.« Der Schandmäuler sei nicht vergessen! So schreibt ein Reiseschriftsteller, die Heilbronner hätten vom Prater gehört und auch einen haben wollen: »Da machten die reichlich naiven Bürger den Wartberg zu ihrem Prater!« Solches wird zu Heilbronn natürlich genauso belächelt wie die Schwärmereien des Juristen Christoph Ludwig Pfeiffer aus Thüringen anno 1766: »Der Wartberg bleibt der Berge König, Heilbronn des Tales Königin!«
Die schönste Beschreibung von Heilbronn verewigt Goethe nach dem Blick vom Wartberg in seinem Tagebuch: »Wir fanden eben die Sonne als eine blutrote Scheibe in einem wahren Schirokkoduft rechts von Wimpfen untergehen. Der Neckar schlängelt sich sanft durch die Gegend, die von beiden Seiten des Flusses sanft aufsteigt. Heilbronn liegt am Flusse, und das Erdreich erhöht sich nach und nach bis gegen die Hügel im Norden und Nordosten. Alles, was man übersieht, ist fruchtbar; das nächste sind Weinberge, und die Stadt selbst liegt in einer großen grünen Masse von Gärten. Es gibt den Anblick von einem ruhigen, breiten, hinreichenden Genuß.«

Lokalpatrioten

Preisfrage: Was sagt ein Böckinger, woher er stammt? In Heilbronn gewiß Böckingen, in Stuttgart dürfte er zwischen Böckingen und Heilbronn schwanken, spätestens in München wird daraus wohl doch Heilbronn, in Paris heißt's aber gewiß Böckingen à Stuttgart. Man ist weltoffen und bleibt Lokalpatriot!
Heilbronn, das ist im Unterland die Sonne, um die sich seit Jahrhunderten in diesem Gäu fast alles dreht. »Brockenfresser« nennt man die Heilbronner, weil sie für ihr Umland nur Brosamen übriggelassen hätten. Trotzdem haben ringsum alle ihr Selbstbewußtsein bewahrt.
Böckingen, Neckargartach, Frankenbach und Flein sind reichsstädtische Dörfer, bevor Württemberg sie nach 1800 in die Freiheit entläßt. Vorher haben sie für die Herren Reichsstädter geschuftet und in den Kriegswirren ihren Buckel oft hinhalten müssen für Streiche, die eigentlich den hinter ihrer Stadtmauer geschützten Heilbronnern gelten sollten.
Mit der Industrialisierung wird Heilbronn zum Sammelbecken für Arbeitsplätze. Das 1919 zur Stadt aufgestiegene Böckingen verarmt darob mangels eigener Industrie und feiert 1933 in Geck's Saalbau, daß es endlich eingemeindet wird. Das reiche Sontheim, dessen letzter Bürgermeister Richard Stieglitz sogar 300 000 Mark Mitgift auftischt, und Neckargartach müssen 1938 folgen. Im Rahmen der Gebietsreform überschreitet Heilbronn 1970 mit Klingenberg die 100 000-Seelen-Grenze zur statistischen Großstadt, 1972 kommen Kirchhausen und 1974 Biberach, Frankenbach und Horkheim dazu.
Böckinger im wahrsten Sinn zu sein, das ist eine Urgewalt! Mit Jäklein Rorbach und der schwarzen Hofmännin stammt das erste deutsche Revoluzzerpaar vom »See«. Als sich die Alemannen drüben um die spätere Kiliansquelle noch auf Bärenfellen wälzen, haben die Römer bei Böckingen am Neckar schon ein Kastell gebaut. Aber die feinen Pinkel aus Heilbronn klauen den Fluß und entfalten sich zu mächtigen Handelsherren.
Daß man sie »Seeräuber« nennt, die Böckinger, ist Geschichtsklitterung, denn die Räuber, das sind die Heilbronner gewesen! Vielleicht geben sich die Böckinger etwas bärbeißig und eigenwillig und haben fürs Vesper immer ein Messer in der Hosentasche. Aber sie können auch träu-

Eisläufer auf dem Böckinger See um 1835 vor der Pankratiuskirche (Wolfflitho)

Böckingen um 1913 (Blick aus dem Osten, von links): Reinöhlschule, Schafstall, Stadtkirche und Brauerei Schuchmann; zwischen Schule und Kirche die Pappelallee nach Heilbronn, darüber der Kiliansturm; links im Hintergrund der Wartberg. Einzelbilder: Rangierbahnhof, Stadtkirche und Sonnenbrunnen

Die erste Neckargartacher Brücke (1905) war mit 230 Meter Länge und elf Meter Breite die größte Neckarbrücke in Württemberg und führte in fünf Bögen zum Heilbronner Industriegebiet; 1945 von deutschen Einheiten gesprengt. Rechts das eingemeißelte Relief des zum Ehrenbürger ernannten Brückenbauers Friedrich Wilhelm von Schaal

Neckargartach um 1835: Peterskirche (1767) im Hintergrund, rechts mündet der Leinbach in den Neckar. Auf der Wolfflithographie wird gerade ein Schiff auf dem Neckar von zwei Pferden mit dem Treidelseil flußaufwärts nach Heilbronn gezogen

Sontheim um 1899 (Blick auf die Silhouette aus dem Süden, von links): Matthäuskirche (1899), St.-Martins-Kirche (1720) und Zwirnerei Ackermann. Einzelbilder: Neckarufer mit katholischer Kirche im Hintergrund (links) und evangelische Kirche

Steinerner Kruzifixus (1750) vor der Weinstube Nöth in Sontheim um 1939: Die Hauptstraße (im Hintergrund Rathausturm) heißt zu dieser Zeit Adolf-Hitler-Straße. Die frühere Gaststätte »Zur Rose« wurde 1839 von der Familie Nöth übernommen

men wie ihr großer Dichter Otto Rombach in Erinnerung an den entschwundenen Böckinger See, »der mit seinen Erlen, Weiden und Pappeln auf mich wie ein arkadischer Hain mit eigentümlichem Zauber gewirkt hat, wo aus den Wassern Undinen auftauchen könnten, nachts, zum Spiel unter Bäumen«.

Der weise Adolf Alter, Böckingens letzter Schultheiß, hat den rechten Bescheid gesagt, wenn's wieder einmal gegen die »Seeräuber« gegangen ist: »Es gibt auch rechte Leut' außerhalb Böckingens.«

Neckargartach hat eine Menge rechter Leut' aufzubieten. Wacker kämpfen sie beim »Neckargartacher Aufstand« gegen doppelte Lehensabgaben, auch wenn sie 1755 verlieren und Schulmeister Hagner zu lebenslänglicher Haft verurteilt wird. Der legendäre Hol-August rudert mit seiner Fähre unermüdlich die Arbeiter hinüber ins Heilbronner Industriegebiet und holt sie wieder ab. Lautstark und sachkundig kämpft Schultheiß Pfau für eine Neckarbrücke (1905).

Wahre Tüftler sind sie, die Neckargartacher! Schmiedemeister Göhring und der Mechaniker Franz Steinrück konstruieren 1895 das erste Benzinauto im Unterland. Schultheiß Haspel läßt 1928 halt eine eigene Neckargartacher Straßenbahn zur Heilbronner Bahnhofsstraße fahren, nachdem der große Nachbar eine andere Streckenführung durchboxen will.

»Linsenfahmer« sagt man zu den Neckargartachern, weil sie in der Not die zu Heilbronn unverdauten Linsen aus dem Neckar gefischt haben sollen. Die Neckargartacher lächeln, tragen's mit Stolz und feiern's mit einem Denkmal.

Sontheim, das ist, was der Spruch an der Stirnseite der Weinstube Nöth verheißt: »Do hin isch warm für reich und arm!« Mehr als ein halbes Jahrtausend hat das Dorf zum Deutschen Ritterorden gehört, bis es 1805 von Württemberg kassiert worden ist. Danach haben die Zwirnerei Ackermann und Firmen wie Camera-Werk, Wolko-Schuhfabrik oder Mikro-Döft für neue Blüte gesorgt.

»Säureiter« nennt man die Sontheimer, weil einer von ihnen bei der Verfolgung eines entsprungenen Schweins auf demselben durchs halbe Dorf gerast sein soll. Wahr ist jedenfalls, daß in den dreißiger Jahren der Karl Köchling auf den Spuren des »Schneiders von Ulm« mit aufgespanntem Parapluie vom Steg in den Neckar gesprungen ist. Nach einem gewaltigen Platscher haben alle mitgefeiert.

Der Braunhardtsche Garten entstand 1817 vor der Stadtmauer auf dem Gelände des heutigen Stadtgartens an der Allee. Wolfflithographie um 1835

Mit Aktien zur Harmonie

Durch das erste Loch in der östlichen Stadtmauer am Neutor (1808) schlüpft Carl Christoph Baumhardt. 1817 eröffnet er beim heutigen Stadtgarten einen Biergarten und weiht 1820 einen Gartensaal ein, in dem auch Wanderbühnen auftreten. 1836 erwerben eine Bürgerinitiative und die Stadt mit 354 Aktien das Anwesen und nennen sich Aktiengartenverein. Als es Probleme wegen eines Theateranbaus gibt, kaufen die Bürger die 134 städtischen Aktien auf und eröffnen 1844 das Aktientheater.

Harmonie-Gesellschaft nennt sich seit 1814 eine »Vereinigung gebildeter Personen zu literarischer und geselliger Unterhaltung«. 1870 vereinigen sich Aktiengartenverein und Harmonie-Gesellschaft unter letzterem Namen und weihen 1878 die erste Harmonie vor dem Aktientheater an der Allee ein. Die neue Festhalle glänzt als gesellschaftlicher Mittelpunkt; das Aktientheater wird 1913 durch einen Neubau für das Stadttheater beim heutigen Berliner Platz abgelöst.

Mit mächtigen Quadersteinen und schmuckvollen Fenstern wendet die Harmonie ihre Schauseite der Allee zu. Über den zweigeschossigen Vorbau mit zwei Portalen ragt der Hauptbau mit einem weiteren Stockwerk empor. Aus einer Nische blickt eine Büste von Mozart herab. Über den beiden Giebeln rechts und links breiten steinerne Adler ihre Flügel aus. Die zerstörte Harmonie wird 1958 durch einen Neubau ersetzt.

Aktientheater 1844 und um 1918: Der Saalbau im Braunhardtschen Garten bekam 1844 einen Bühnenanbau, in dem das Aktientheater bis zum Neubau des Stadttheaters 1913 am Nordende der Allee spielte. Danach wurde das Aktientheater wieder zum Saalbau umgestaltet

Harmonie um 1915: Vor dem Aktientheater wurde 1878 das dreigeschossige Harmoniegebäude am Standort der heutigen Harmonie eingeweiht. Links das Kaiser-Wilhelm-Denkmal an der Allee, das heute im Alten Friedhof steht

Grundsteinlegung am 9. Mai 1912 für das Stadttheater am nördlichen Ende der Allee

Das von Theodor Fischer im Jugendstil erbaute Stadttheater wird 1913 eingeweiht

648 Sitz- und 200 Stehplätze: Blick in den mit Intarsien geschmückten Zuschauerraum

Thaliens Bretter

Wer weiß schon, wie das Theater zu Heilbronn angefangen hat! »Nachdem die Historien (der) Heiligen Schrift nicht allein durch Predigten, sondern auch durch die Comoedien den Leuten eingebildet werden«, tut Kantor Klöpfer 1606 dem Rat kund, wolle man »ein Comoediam über den Patriarchen Joseph« zeigen. Schüler pflegen laienspielend ihre lateinischen Kenntnisse. Die Zünfte treten als »Wilde Rotte« oder »Böse Buben« auf dem »Pelzboden« und in den »Wilde-Rott-Stuben« im Rathaus auf.

Mit dem Thespiskarren ziehen Theatergesellschaften durch die Lande. Die ersten Shakespeare-Dramen werden schon um 1603 von englischen »Acteurs« und »Actrizen« in Heilbronn gespielt. Begeistert strömt die Bevölkerung in die »Comoedienbuden«, die bei St. Kilian oder wegen Feuergefahr vor den Toren der Stadt aufgeschlagen werden.

Die Obrigkeit gibt sich mißtrauisch, weil sie unter den Komödianten »relegierte und unvollendete Studenten, entlaufene Bediente, Friseure, Schneiderpurschen, Bordellschwestern und wer noch wer« wähnt. Kritisch wird einmal dem Magistrat berichtet, daß bei mehreren Mitgliedern einer Theatergruppe »ihr Heimatwesen nicht reguliert ist und sie vielleicht gar keine Heimat haben«.

Katzbuckelnd bittet Ende des 18. Jahrhunderts der Direktor einer Schauspielgruppe die »Ew. Hochwohl-, Wohl- und Hochedelgebohrnen« des Rats »also gehorsamst, doch gnädigst zu erlauben«, daß seine Truppe vier Wochen lang in Heilbronn spielen dürfe. Aus »beyliegenden Attestaten« möge man »gnädigst zu ersehen geruhen«, daß »aller Orten weder über Zahlungsrückstand, noch über die Sittlichkeit meiner Mitglieder jede geringste Klage entstanden« sei.

Die Programme des Emmanuel Schikaneder und der Appeltschen Markgräflich-Badischen Hofschauspielergesellschaft, der »Acteurs« um Karl Andreas Paulsen und Christian Bockhäuser: harmlose Hans-Wurst-Stücke, aber auch Dramen und Singspiele bis zur Oper.

Zum ersten Heilbronner Theaterhaus wird der 1817 von Braunhardt eröffnete Gartensaal im heutigen Stadtgarten. Der von Bürgern und der Stadt gegründete Aktiengartenverein, der 1836 das Anwesen erwirbt, erweitert den Saal um einen Anbau für das künftige Aktientheater;

»Götz« 1931: Theaterbegeistert hatte sich 1928 eine 120köpfige Laienspielschar um Pfarrer Hans Völter versammelt. Nach einem Reformationsstück (1928) im Stadttheater spielten sie auch »Das Käthchen von Heilbronn« (1929) im Deutschhof und »Götz von Berlichingen« (1931) auf einer Freilichtbühne beim Rosenberg am Neckar. Die Spielschar besetzte alle Rollen doppelt, nannte im Programmheft keine Namen und gab sich selbst das Motto »Die Gemeinschaft derer, die einander nichts als Menschen sein wollen«

Zur Erinnerung daran, daß vor 400 Jahren in der Kilianskirche zum erstenmal das evangelische Abendmahl gereicht worden war, trat die Laienspielschar um Pfarrer Völter 1928 zum erstenmal mit dem Reformationsstück »Dennoch bleib ich« von Tim Klein an die Öffentlichkeit. Das Stück wurde 1928 dreizehnmal und 1929 dreimal im Stadttheater aufgeführt

»Die lustigen Weiber von Windsor« in den dreißiger Jahren mit Margot Winkler, Aenne Hochhuth und Fritz Hofmann

»Tannhäuser« 1938 mit Margot Winkler als »Elisabeth« und Eric Hallström in der Titelrolle und »Zar und Zimmermann« 1944 mit Ernst Könecke als »van Bett«. Nach Kriegsende erweckte der Baßbuffo Könecke als Leiter einer »Notgemeinschaft« zusammen mit Dr. Erich Ziemann am 14. November 1945 im Trappenseesaal das Theater zu neuem Leben

nachdem die Kreisregierung eine finanzielle Beteiligung der Stadt abgelehnt hat, kaufen die Bürger eben die städtischen Aktien auf. Als letztes Einrichtungsstück trifft ein dreißiglampiger Kronleuchter aus Berlin ein.

»Unter gefälliger Mitwirkung der Herren Dilettanten« wird am 9. November 1844 das Aktientheater eingeweiht. Nach der Ouvertüre zur »Zauberflöte« spricht Demoiselle Heuberger einen Prolog. Es folgen die Ouvertüre zu »Elisabeth« von Rossini und das Lustspiel »Das Porträt der Geliebten« von L. Feldmann.

Als erster Theaterdirektor geht Martin Jakob Winter in die Heilbronner Geschichte ein. Meistens steckt er in Geldnöten und ist froh, wie es einmal heißt, daß er sich einen Anzug kaufen kann.

Um Besucher ins Theater zu locken, muß er für die große komische Zauberoper »Ein Prophet« vorab mächtig auf die Pauke hauen: »Da weder Kosten, noch Mühe zum Arrangement dieser großartigen Zauberoper gespart wurden, und dieselbe so pomphaft als nur immer möglich zur Darstellung gebracht wird, so kann ich den geehrten Theaterfreunden einen angenehmen Abend versprechen.«

Häufig gibt's eine Mischung aus Theater und Zirkus. Das Programm der »rümlichst bekannten Familie S.« aus Mannheim: »1. Abteilung. Der Mohrentanz. 2. Abteilung. Der große Turnkampf der beiden Römer. Hierauf folgt: Der Verräter oder ich war niemals in der Mühle. Zum Beschluß: Die Zauber-Rose.«

Das »Heilbronner Intelligenz-Blatt« spottet in jener Zeit: »Wir haben diesmal mit Vergnügen bemerkt, daß jedes spielende Mitglied viel Fleiß auf sein Spiel verwandt, und sogar ganz in der Nähe des Orchesters der Souffleur nicht zu vernehmen war.« Neben dem »Kritikus« witzelt ein »Antikritikus«: »Um bei der Wahrheit zu bleiben, muß man hier einen großen Fehler aufdecken; namentlich den, daß die ersten Violinisten gar nicht mehr wußten, was sie anfangen sollten.«

Des Glanzes sei nicht vergessen! Stars wie die spanische Tänzerin Pepita Olivia (1853) begeistern, in den siebziger Jahren sind die reizende Muntere Anna Glenk und die Heroine Eleonore Wahlmann mit ihrer Tragödienstimme die Lieblinge des Publikums. Namen wie Fanny Janauscheck, Anna Sutter, Luise Dumont, August Junkermann, Otto König und Hans Bussard leuchten am Theaterhimmel.

Das »Heilbronner Tagblatt« lobt 1856, daß »die Anforderungen, welche wir in hiesiger Stadt an die Besetzung des Theaters machen können, befriedigend gelöst

sind. Das Personal ist zahlreich und enthält mehrere sehr tüchtige Kräfte; auch können wir nicht unterlassen, zu bemerken, daß die Garderobe gewählt ist.« Kritischer heißt's später: »An Possen mag zwar ein Theil der Zuschauer Gefallen finden, wir möchten aber doch wünschen, daß bei der Auswahl der Sonntags-Vorstellungen auch das gebildetere Publikum berücksichtigt wird.«
Mit einem »Sonettenkranz« schwärmt dagegen Emil Seiferheld im »Unterhaltungs-Blatt« 1864: »Sieh! aufgeschlagen sind Thaliens Bretter, von Lampen ist der volle Saal erhellt! Egmont heraus! und laut dazwischen gellt von Pauken und Trompeten ein Geschmetter!«
Die Theaterdirektoren wechseln anfangs jährlich. Mit dem ersten Sechsjahresvertrag führt Rupert Schmidt (1865–1870) das Theater zu neuen Höhen. Man nennt ihn den »schwäbischen Heiland«, mutmaßlich weil er als Prinzipal, Dramaturg, Regisseur und Darsteller wahre Wunder vollbringt. Der große Durchbruch beginnt 1887 mit den Direktoren Richard Steng und Konrad Krauß, deren Familien bis 1933 das Theater dirigieren.
Das private Aktientheater landet über die Harmonie-Gesellschaft (1870) schließlich 1905 im Schoß der Stadt, die seit 1864 Zuschüsse gibt. Angesichts von Theaterbränden in anderen Städten und moderner Ansprüche keimt 1902 die Idee, dem Theater statt des »alten Rumpelkastens« eine neue Bleibe zu geben.
An Schillers 103. Todestag 1908 ruft Oberbürgermeister Paul Göbel zu Spenden und Darlehen für den Theaterbau auf. Innerhalb 14 Tagen sind die veranschlagten 500000 Mark beisammen, die sich nach dem zweiten Aufruf 1911 auf 625898 Mark erhöhen; davon 125898 Mark Stiftungen, 19100 Mark unverzinsliche Darlehen und 480900 Mark Darlehen, die mit zwei Prozent Zins in dreißig Jahren zurückgezahlt werden müssen.
Das Wettrennen um den Standort gewinnt das Nordende der Allee gegen den Harmoniegarten und die Ecke Bismarck-/Herbststraße. Die Lust am Theater zu Heilbronn zeigt sich am raschen Vollzug: 24. August 1911 Genehmigung des Baus, 18. September 1911 erster Spatenstich, 9. Mai 1912 Grundsteinlegung.
»Erbaut von der Bürgerschaft 1912 bis 1913« heißt es selbstbewußt an der Stirnseite des neuen Stadttheaters, in dem sich am 30. September 1913 der Vorhang hebt. Zur Eröffnung werden vor 800 geladenen

STADTTHEATER HEILBRONN A. N.
TELEPHON 3630 DIREKTION STENG-KRAUSS TELEPHON 3630

Donnerstag den 28. Januar 1932
Anfang 8 Uhr Ende 10½ Uhr

Gastspiel Eugen Klöpfer
College Crampton
von Gerhart Hauptmann.
Leitung: Ludwig Jubelsky.
Hauptdarsteller: Eugen Klöpfer; Flokina von Platen, Tribüne Berlin; Franz Klebusch, Deutsches Künstlertheater; Ludwig Jubelsky, Deutsches Künstlertheater; Dr. Martin Jacob, Reinhardtbühnen Berlin; Ingolf Kuntze, Lessingtheater Berlin; Norbert Schiller, Staatstheater Berlin.

Gastspiel Eugen Klöpfer 1932: Der Charakterdarsteller und spätere Berliner Generalintendant stammt aus Talheim und besuchte in Heilbronn das Karlsgymnasium

Weihnachtsmärchen im alten Stadttheater: »Als Höhepunkt fuhr der Nikolaus im Schlitten auf die Bühne, stieg aus, stampfte über den Orchestergraben zu uns Kindern und verteilte Süßigkeiten aus seinem großen Sack« (Günter Gassert)

Gästen das von Hofrat Dr. Bruckmann verfaßte »Weihespiel« und der dritte Aufzug von Richard Wagners »Meistersinger« aufgeführt. Daß einmal das Licht außerplanmäßig erlöscht, wird schmunzelnd zur Kenntnis genommen.
Das von Dr. Theodor Fischer im Jugendstil erbaute Theater hat 648 Sitzplätze und etwa 200 Stehplätze. Prächtig bietet sich der Zuschauerraum dar, ausgestattet mit afrikanischen Hölzern, Intarsienfriesen und einer Brunnenfigur über der Bühnenöffnung mit Stadtadler und zwei Täubchen. Was darunter steht, wissen Jahrzehnte nach der Zerstörung viele Altheilbronner selbst zu später Stunde genau: »So Alte und Junge sind alle geladen, in unserem Äther sich munter zu baden.« Natürlich von Goethe!
Geleitet wird das Stadttheater von Richard Steng und Konrad Krauß, in deren Fußstapfen 1919 ihre Söhne Richard

Achtung!! Achtung!!

Sondermiete!

Die NS.-Kulturgemeinde legt eine Sondermiete für diejenigen ihrer Mitglieder auf, welche eine monatliche Lohnsteuer unter 7 RM zu bezahlen haben. Anmeldungen und nähere Auskünfte jederzeit bei der Geschäftsführung der NS.-Kulturgemeinde in Heilbronn a. N., Sülmermühlstrasse.

NS-Theater »in praktischer Erfüllung nationalsozialistischer Kulturpolitik«: Sondermiete der NS-Kulturgemeinde für Lohnsteuerzahler »unter 7 RM« (Programmheft für die Spielzeit 1935/36) und das Schauspiel »Lauf ins Glück« mit Hakenkreuzen auf der Bühne

Krauß und Wilhelm Steng treten. Als weitere Intendanten folgen 1936 Hans Gerhard Bartels, 1937 Franz-Josef Delius und zuletzt Werner Schlatterer.

In der Krauß-Ära erlebt das Theater seine große Blüte von der heiteren Muse über Problemstücke bis zur Oper. Nach der Premiere des »Tannhäusers« 1922 heißt es in der Presse: »Das sehr gut besuchte Haus kargte nicht mit Beifall und beruhigte sich erst, bis alle selig Verstorbenen freudig wieder lebendig geworden waren.« Zu den Höhepunkten gehört der »Urgötz«, der 1923/24 ungestrichen in 56 Bildern gezeigt wird; die Aufführung dauert vier Stunden mit zehn Minuten Pause. Zu ihrem fünfzigjährigen Bühnenjubiläum wird Hermine Polla 1931 mit »orkanartigem Beifall« gefeiert.

Beliebt sind die Weihnachtsmärchen von »Peterchens Mondfahrt« bis »Wie klein Else das Christkind suchen ging«. Im Oktober 1931 gastieren die »Original-Liliputaner-Künstler« mit »Schneewittchen« und »Froschkönig«; die Ränge sind »voll begeisterter junger Zuschauer und nicht weniger begeisterter Mamas«.

Viele Geister sammeln sich um das Theater: Kapellmeister Dr. Ernst Müller, Komponist Robert Edler, Bühnenbildner Herbert Buhe und der Publizist Hans Franke. Zwei Stücke von ihm werden in Heilbronn uraufgeführt: 1920 das Revolutionsstück »Opfer«, das mit einem Skandal um den Hauptdarsteller Albert Johannes endet, und 1925 »Untergang«. Hans Franke: »Das Niveau des Theaters war bis 1933 ein vortreffliches. Modern eingestellte und begabte Schauspieler (wie Hermann Klein, Kurt Barrée, Paul Schmid) erkämpften das Interesse für das moderne Schauspiel, zahlreiche Uraufführungen legen Zeugnis von dieser Aktivität und dem Rang des Theaters ab, das in der Tat wesentlich von dem Trott anderer Provinztheater abwich.«

Für manchen wird Heilbronn zur Zwischenstation nach ganz vorn bis ans Wiener Burgtheater oder nach Hollywood: William Dieterle, der als Wilhelm Dieterle den »Franz Moor« spielt, der schwäbische Humorist Willy Reichert, seine Kollegin Liesel Christ, Eugenie Burkhardt, Albert Seibert. Nebenbei gastiert die erste Garnitur des deutschen Theaters: Asta Nielsen, Alexander Moissi, Albert Bassermann, Heinrich George, Otto Gebühr und Lucie Höflich.

Unter dem NS-Regime tritt »in praktischer Erfüllung der nationalsozialistischen Kulturpolitik« (NS-Oberbürgermeister Heinrich Gültig) »das Volksstück und das im Ethos der Gemeinschaft verankerte Schauspiel« in den Vordergrund. Mit dem Motto »Wenn die Waffen sprechen, darf die Muse nicht schweigen« startet das Theater 1941/42 in »die dritte Spielzeit in diesem Kampfe um Deutschlands Bestand und Zukunft«.

Trotz der politischen Vorgaben wird gutes und engagiertes Theater gespielt. Nicht-Parteimitglied Fritz Wilde, ab 1941 am Heilbronner Theater und 1944 dessen letzter Oberspielleiter: »Wir haben Tag und Nacht gearbeitet, unser eigenes Ich zurückgestellt und auf ein Privatleben weitgehend verzichtet.« Schmunzelnd erinnert sich der alte Theaterhase an die wenigen Erholungspausen in »Elis Weinstube«; täglich eine Aufführung, donnerstags immer Premiere, dazwischen Gastspiele im Kursaal Wildbad!

Die Partei wünscht »Festaufführungen«: zu »Führers Geburtstag« die Strauss-Oper »Rosenkavalier« und am Jahrestag der »Machtübernahme« das Schauspiel »Nero und Agrippina«. Rumänische Theatertage finden 1943/44 als »Gaben des verbündeten Auslandes« statt.

Am 24. Juni 1944 ist's aus mit dem Theater in Heilbronn. Nach Verdis »Nabucco« trommelt Kreisleiter Richard Drauz alle Theaterleute zusammen: »Von jetzt ab gehört ihr mir!« Ab geht's an die Front oder in die Rüstungsbetriebe.

Beim Luftangriff am 4. Dezember 1944 wird das Stadttheater zerstört. Obwohl viele auf einen Wiederaufbau hoffen, wird 1970 der Torso gesprengt. Schon am 1. November 1945 hat eine »Notgemeinschaft« unter der Regie von Ernst Köneke das Heilbronner Theater zunächst im Trappenseesaal und in der »Sonne« in Sontheim zu neuem Leben erweckt.

Die große Persönlichkeit des Theaterprovisoriums 1951 bis 1980 im Gewerkschaftshaus ist Intendant Walter Bison (1954–1980). Mit »My fair Lady« eröffnet sein Nachfolger Klaus Wagner am 16. November 1982 die erste Spielzeit in dem Neubau am Platz des alten Stadttheaters.

Liebe gute alte Penne!

»Zu sumerzit sol der schulmeister morgens so es funfe slecht examinieren in grammatica ein stund und darnach lesen und darnach solen die clain knaben ir letz (Lektion) sagen«, heißt es 1470 an der Lateinschule. Der erste bekannte Lehrer ist »der alte Schulmeister« Nikolaus Züdel (1445); die Schule steht zuerst in der Schulgasse hinter dem heutigen Haus Kachel und zieht 1544 in das verlassene Barfüßerkloster am Hafenmarkt um.

Mit Latein fängt's höhere Wissen an, Deutsch ist verpönt. Gustav Lang hat die Anfänge erforscht: »Einziger Lehrgegenstand war das mittelalterliche Latein, das Latein der Bibel und der Kirche, an dem man lesen, schreiben, sprechen, dichten und singen lernte.« Die Schüler sind Bürgersöhne, Zöglinge aus Nachbarorten und »fahrende Schüler«, Vaganten, die Gammler des Spätmittelalters.

Ziel des Unterrichts, in dem man den Humanismus notfalls mit Stockhieben eingebleut bekommt, ist die Vorbereitung aufs Studium. Unweit von Heilbronn besteht seit 1386 in Heidelberg die älteste deutsche Universität. Um armen Schülern zu helfen, stiftet der Neckarsulmer Pfarrer Peter Stock aus Eberstadt schon 1496 vier Stipendien für »tugendhafte, geschickte und ehelich geborene Bürgersöhne aus Heilbronn und Weinsberg.

Einen ersten Höhenflug erlebt die Lateinschule unter Konrad Költer aus Eppingen um 1500. Sein Ruf lockt viele später berühmte Schüler: die Reformatoren Melanchthon, Schnepf, Ökolampadius und Lachmann oder Leonhart Fuchs, den »Vater der modernen Botanik«, von dem die Fuchsien ihren Namen haben.

Mit öffentlichen Vorlesungen und wissenschaftlichen Redeschlachten hebt Rektor Gottfried Hecking 1720 das Gymnasium (1620) zum akademischen Gymnasium. Ziel ist eine Universität; doch »das geistige Klima der Reichsstadt schien für solche höheren Zielsetzungen nicht der richtige Nährboden« (Karl Epting).

Nährboden ist die Reichsstadt dagegen für einen Hochstapler. Wohlgefällig lauscht das Patriziat 1777 den Ideen des Grafen Tourouvre, der als Repräsentant einer Pariser Kapitalgesellschaft auftritt. Neben Fabriken und einem Theater verspricht er Heilbronn eine Akademie der Wissenschaften, der Literatur, des Akkerbaus, der Künste und des Handels. Als die Bürger lieber »das Geld als spec-

Kreuzgang des Barfüßerklosters am Hafenmarkt kurz vor dem Abbruch 1925: In dem ehemaligen Kloster waren 1544 bis 1944 verschiedene Schulen untergebracht

Kieselmarkt mit Frauenarbeitsschule (rechts) und Stadtarchiv im 19. Jahrhundert

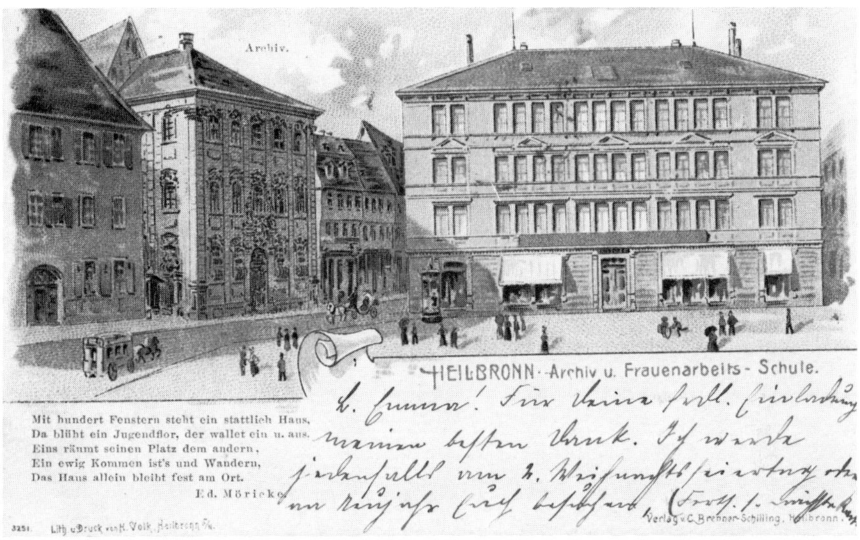

Carolinum um 1900: Nachfolger ist an gleicher Stelle das Theodor-Heuss-Gymnasium

tacles« sehen wollen, fliegt der Schwindel auf. Tourouvre alias Jean César Charles Le Boctey wird verhaftet und lebenslänglich aus Heilbronn verbannt.
Sie können aber auch recht knitz sein, die Heilbronner! Nach der Übernahme durch Württemberg (1802) droht wegen Rückgangs der Schülerzahlen die Herabstufung des Gymnasiums zum Lyzeum ohne Hochschulreife. Mit einem Neubau und der Eingliederung von Realklassen, zu denen später Elementarklassen kommen, retten sie ihr Gymnasium.
Klingt's nicht wie Götterspeise und der Weisheit höchste Weihen: Carolinum! So nennen die Heilbronner ihr neues »Königlich Württembergisches Gymnasium«. Namensgeber für das schlicht auch Karlsgymnasium genannte Institut ist der württembergische Kronprinz Karl.
Das erste Carolinum entsteht 1827 in der Inneren Karlstraße beim heutigen Café Reinecker. Das große Carolinum, das mit seinem Kuppelturm wie ein Palast wirkt, folgt 1880 Ecke Karl-/Friedensstraße. In der NS-Zeit wird es mit der Damm-Realschule zur Karls-Oberschule vereinigt. An der Stelle des 1944 zerstörten Carolinums steht heute das Theodor-Heuss-Gymnasium, das die Tradition der humanistischen Lateinschule fortsetzt; ohne Stock und erst ab »funfe« vor 8 Uhr.
Die Realklassen haben sich 1873 vom Carolinum getrennt; sie beziehen als Oberrealschule 1889 einen stattlichen Neubau an der Bismarckstraße. 1905 kommt der B-Zug für »Nichtgriechen« vom Carolinum als Realgymnasium hinzu; die sechs unteren Klassen werden als Damm-Realschule (1906) abgezweigt. Auf dem Schulhausdach richtet Professor Karl Wildermuth vor dem Ersten Weltkrieg eine der ersten Sternwarten ein.
Liebe gute alte Penne an der Bismarckstraße! Als eines der wenigen historischen Gebäude übersteht sie den Krieg, beherbergt nach 1945 die Vereinigten Heilbronner Oberschulen und heißt heute Robert-Mayer-Gymnasium.
Die Schriftstellerin Victoria Wolff hat 1914 als eines der ersten Mädchen den Sprung ans Realgymnasium geschafft. Ihr Privatlehrer ist vorübergehend Albert Einstein. Der Vetter ihres Vaters Jakob Victor soll der zwölfjährigen im Garten des Gebäudes Moltkestraße 21 mathematisch auf die Sprünge helfen. Als sie nicht glauben will, daß die Summe der Flächeninhalte der Quadrate über den Katheten des rechtwinkligen Dreiecks gleich dem Flächeninhalt des Quadrates über der Hypotenuse sei, verzweifelt der Pythagoreische Lehrmeister: »Du mußt das einfach glauben!« Viktoria will nicht: »Du glaubst doch auch nicht alles!« Der Gelernte, der 1921 mit dem Nobelpreis ausgezeichnet wird, wirft sich in Pose: »Aber ich bin ich, und du bist du!«
Der Historiker Dr. Wilhelm Hofmann sieht in einem Privatinstitut für Mädchen 1831 den ersten greifbaren Versuch, den »Käthchen« eine höhere Bildung zu geben. Weitere Stationen: 1841 höheres Töchterinstitut, 1872 höhere Töchterschule, 1879 öffentliche Schule, 1886 Neubau Garten-/Turmstraße, 1914 Mädchenrealschule, 1937 Mädchenoberschule und 1953 Elly-Heuss-Knapp-Gymnasium.
Mitten in der Stadt am Kieselmarkt gibt es im 19. Jahrhundert auch eine Frauenarbeitsschule, die Eduard Mörike mit einem Gedicht verewigt: »Mit hundert Frauen steht ein stattlich Haus, / da blüht ein Jugendflor, der wallet ein und aus. / Eins räumt seinen Platz dem andern, / ein ewig Kommen ist's und Wandern. / Das Haus allein bleibt fest am Ort.«
Die Realschule beginnt 1827 mit Realklassen im Carolinum. »Endzweck« der beiden Anstalten sei, heißt es in der Schulordnung, »den Verstand ihrer Zöglinge zu erleuchten, Herz und Willen derselben zum Guten hinzuleiten und sie mit schätzbaren Kenntnissen und Fertigkeiten auszustatten, damit sie Menschen und nützliche Bürger des Vaterlandes werden mögen«.
Gebote und Verbote: der Schüler solle »still, ungetheilt-aufmerksam und etwas zu lernen beflissen seyn; nicht schwatzen, essen, fremde Bücher lesen, allen Muthwillen und jede Zerstreuung seiner Gedanken fernhalten, gegen den Rector und gegen jeden Lehrer sich ehrerbietig beweisen, (keinen) Mitschüler thätlich oder wörtlich beleidigen, kein Wirtshaus, Schenke oder Bierhaus besuchen, sich des für das jüngere Alter ohnehin schädlichen Tabakrauchens auf öffentlichen Plätzen und Spaziergängen und in Gesellschaft von Vorgesetzten enthalten . . .«.
Mutter der heutigen Realschulen ist die Damm-Realschule, die 1908 an der Dammstraße eingeweiht wird und den Krieg ohne Schaden übersteht. Zeitweise spricht man von »Mittelschule«, seit 1966 heißt's wieder Realschule. Eine Besonderheit dieser Schule an der Dammstraße ist seit 1912 eine Geologiepyramide im Schulhof. Das von dem Pädagogen, Geologen und Wünschelrutengänger Gotthold Stettner gestaltete »Denkmal« zeigt den geologischen Schichtaufbau des Heilbronner Raums vom rötlichen Buntsandstein über den Muschelkalk bis zum Keuper und Schilfsandstein.
Eine »deutsche Schule« im Gegensatz zur Lateinschule steht am Anfang der Grund- und Hauptschulen. Die Reichsstadt beschließt 1514, daß »die deutschen Schüler, namentlich die Knaben zu des Baldermanns Vetter und die Töchterlein zu Dionysius, dem Organisten, zur Schule gehen sollen«. Für den Besuch wirbt der Prediger von St. Kilian auf der Kanzel.
Kritisch äußert sich Bürgermeister Feyerabend zu den Verhältnissen an der »teutschen Schule« 1605: Bei den »Mägdlein«, die »arm und übel bekleidt«, sei viel Ungeziefer aufgetaucht. Etliche hätten aus Armut das Quartalschulgeld nicht bezahlen können. Schulmeister Joachim Weiß wird gerügt, weil er sich »rumorisch« gegen sein Weib verhalte und sich des Zechens befleißige.
Daß Lehrer nur kargen Lohn bekommen, wird nicht erwähnt; so muß sich beispielsweise ein Vorfahre von Robert Mayer nebenbei als »Beck« verdingen.
Vier Volksschulen gibt es zu Beginn des 19. Jahrhunderts: in der Schulgasse und im Barfüßerkloster, die »Pflanzschule« für Sechs- bis Achtjährige und eine »Waysenschule«. Häufig müssen die Kinder in den engen Schulstuben stehen, viele haben nicht einmal ein Pult; manche fehlen, weil sie gerade bei der Weinlese helfen müssen. Hauptfächer sind Lesen, Schreiben und Rechnen, daneben gibt's Naturgeschichte und Geographie.
Die beiden ältesten »Volksschulen«, die heute noch im Stadtkreis Heilbronn bestehen, können im Jahr 2000 ihr hundertjähriges Bestehen feiern: Reinöhlschule in Böckingen (2. Mai 1900) und die Rosenauschule (14. Mai 1900) am Rand der Altstadt. Die Schülerschaft an der Rosenauschule ist bis 1936 nach Konfessionen und danach nach Geschlechtern in zwei Schulen getrennt; heute belächelt man diesen alten Zopf.
Mit einer Hilfsschulklasse im Carolinum beginnt 1910 die Geschichte der Pestalozzischule; sie führt seit 1936 diesen Namen und ist Ausgangspunkt für alle Sonderschulen. Ihr ehemaliger Rektor Wilhelm Hofmann gilt in Württemberg als wegweisende Persönlichkeit für die Unterrichtung von Lernbehinderten.

Schulklasse mit Mittelschuloberlehrer Gotthold Stettner um 1916: Die Schulen und ihre Lehrer befruchten seit Jahrhunderten das Heilbronner Kulturleben. Einer der markanten Pädagogen war Gotthold Stettner, Initiator und Mitbegründer des 1916 eröffneten Robert-Mayer-Museums und Schöpfer der Geologiepyramide im Hof der Dammrealschule (unten)

Rosenauschule um 1904: Zwölf Tage nach der Reinöhlschule wurde sie 1900 eröffnet

Dammschule als Lazarett im Ersten Weltkrieg: Im Hof die Geologiepyramide

Anfänge des Berufsschulwesens findet man in den »Sonntagsschulen« des 18. Jahrhunderts; der Besuch geschieht freiwillig, entschuldigt aber das Fehlen im sonntäglichen Gottesdienst. Das Gründungsjahr der eigentlichen Berufsschule ist 1854, als die gewerbliche Fortbildungsschule eröffnet wird. Als eine der ersten Städte stopft Heilbronn seine Berufsschüler ab 1901 nicht mehr in andere Schulen, sondern gibt ihnen 1901 eine eigene Bleibe in dem neuen Anbau Keplerstraße neben der Oberrealschule an der Bismarckstraße.

Die kaufmännische Schule ist schon 1899 zur eigenständigen Handelsschule umfunktioniert worden. Mit der Einführung der Tagespflichtschule 1906 für alle gewerblichen Lehrlinge und Arbeiter unter 18 Jahren ist Heilbronn sogar Pionier. Württemberg erhebt diese Verpflichtung erst 1909 zum Gesetz.

Besonders stolz sind die Altheilbronner, daß sie zu Beginn des 20. Jahrhunderts halt doch noch eine Hochschule bekommen haben. 1912 wird am Fuß des Wartbergs das »Lehrerseminar« unter Rektor Dr. Reinöhl eingeweiht. An der Evangelischen Lehrerbildungsanstalt, einer Vorgängerin der pädagogischen Hochschulen, werden bis 1936 die Pädagogen für Volks-, Gewerbe- und Realschulen ausgebildet. Zu der Anlage gehören ein hundert Meter langer Mittelbau, zwei Seitenflügel und eine Turnhalle. Von 1937 bis 1944 beherbergt das Gebäude ein hauswirtschaftliches Seminar.

Auf den Fundamenten des »Seminars« steht seit 1966 eine staatliche Schule für Gehörlose und Sprachbehinderte mit überregionaler Bedeutung.

Zur Hochschule geht's im Süden der Stadt in Sontheim-Ost. Hier beflügelt die Fachhochschule Heilbronn ihre Studenten; sie ist 1971 aus einer staatlichen Ingenieurschule (1961) und einer höheren Wirtschaftsfachschule (1969) hervorgegangen und bildet mit der Universität Heidelberg eine Gesamthochschule.

Haalbrunnerisch

Das Kleid ist ein fränkisches »Klaad«, geflucht wird schwäbisch: »Hergolles noch 'em'ol!« Der »Haalbrunner« Dialekt wird vom ostfränkischen Hohenlohischen, dem rheinfränkischen Badischen und »a bissle Schwäbisch« geprägt. Weil die berühmten Dialektfamilien hier zusammentreffen, spötteln manche, die Heilbronner seien »Dachtrauf-Schwaben« oder »Dachtrauf-Franken«.

»Haalbrunnerisch« ist die Antwort auf den ewigen Streit, ob die Heilbronner nun Franken oder Schwaben sind. Die von den Franken gegründete Reichsstadt hat jahrhundertelang ein selbstbewußtes Eigenleben entfaltet, bevor sie von Württemberg übernommen wird. Aber aus historischer Sicht sind die Ur-Heilbronner nun einmal Franken gewesen. Daß vorher schon Alemannen und Kelten hier gesiedelt haben, soll nicht verwirren, sondern nur das Geschichtsbild abrunden.

Wie so oft haben die Heilbronner mit ihrem Dialekt aus der Not eine Tugend gemacht. Als die schwäbischen Beamten in die Stadt drängen, schlucken die anpassungsfähigen Einwohner auch »ebbes« von deren Sprache. Aber trotz neuer Laute und Wendungen bleibt ihre Ausdrucksweise ein unverwechselbarer Dialekt; vor allem die Weingärtner sorgen dafür, daß ihre Mundart mehr fränkisch denn schwäbisch tönt.

»Heilbronn: Fast a jeedr hat alawaile ärchad en Sport. Di aana keecheln, die andern wandern, un dr Odo isch Turnr mit Läiw un Lääwa. Kärzlich secht sei Fraa zuam: Gee aa nous un tua dr Sou mista, du geesch jo häit doch widr ins Torna. Wuer färdich gwäßt isch, hat r in dr Wuat s Tiirle zuagschlacha. Glai druf hat sei Fraa s Säile gefiadrt, das haast, sie hat am s Fräsa vun dusa ins Treechle neigläärt, und wiase am andern Morcha gukt hat, isch s Fräsa no im Treechle gwässt.« Und die Moral: »Wan d Sou net frißt, mecht mr sich gläi Gedanka, wan awr dr Mann amoole kaan Hungr hat, no haasts bäi da Wäiwr: Nor ka Angst!« Mit dieser ergötzlichen Betrachtung beschreibt Professor Dr. Karl Haag 1940 in »Die Grenzen des Schwäbischen in Württemberg« den Heilbronner Dialekt. Erläuternd fügt er hinzu: »Heilbronn hält zäh an dem Ostfränkischen fest, so zugänglich es sich im übrigen dem verkehrsschwäbischen Einfluß zeigt.«

In den Trümmern des Zweiten Weltkriegs geht »Haalbrunn« unter. Die Altstadt und ihre Gassen, Heimat der eigenwilligen Mundart, versinkt in Schutt und Asche. Da die meisten Wengerter, die Stammväter des »Haalbrunner« Dialekts, in der Altstadt gelebt haben, ist ihr Anteil unter den Toten besonders groß. Heimatlos und verwaist verflüchtigt sich ein Dialekt aus dem Sprachschatz.

Schmuckstücke: Lehrerseminar und Wartberg mit Turm und Weinbergen um 1915

»Noch am unverfälschtesten gesprochen« werde das »Haalbrunnerisch« von den Weingärtnern und alten Handwerksmeistern, schreibt 1951 der ehemalige Weinbaupräsident und Abgeordnete Hermann Schneider (1879–1955). »Haalbrunnerisch« klingt beim »Schwarzriesling-Schneider«, wie man ihn wegen seiner Liebe zur Veredlung der Rebsorten und vor allem des Schwarzrieslings ehrfürchtig nennt, in Versform so:

Isch d'r Unk'l schun kummê?
Ja, er isch schun kummê.
Was hat 'r denn brungê?
Nix hat 'r m'r brungê.
g'schumpfe hat 'r me!

Otto Haag (1906), heute der große weise Mann der Wengerter, meint mit Bedauern: »Es gibt nur noch ganz wenige, die haalbrunnerisch beherrschen.« Sein Wunsch, daß über diese Mundart eine Doktorarbeit geschrieben wird, ist inzwischen in Erfüllung gegangen.

In seinem Werk »Dialekt und Regionalsprache im Raum Heilbronn« (1986) stellt Dr. Karlheinz Jakob im Gegensatz zur bisherigen Meinung fest, Heilbronn liege nicht an einer schwäbisch-fränkischen Sprachgrenze, sondern sei Zentrum einer Übergangszone zwischen dem fränkischen und schwäbischen Dialekt. Im südlichen Zabergäu und im Bottwartal werde vorwiegend schwäbisch gesprochen, im Nordwesten dominiere rheinfränkisch, im Nordosten und Osten mehr südostfränkisch, in Heilbronn und im restlichen Landkreis fränkisch. Alles in allem könne man im Unterland von einer südfränkischen Mundart sprechen.

Überraschend kommt der in Heilbronn gebürtige Wissenschaftler zu der Erkenntnis, daß von dem vielbeschworenen schwäbischen Vormarsch im Unterland (fast) keine Rede sein könne.

Nicht bangemachen lassen! Spätestens beim Weindorf geht am Faß 7 das alte Streitgespräch wieder los. Der Heinrich, die Moni-Maus und der Schoppen-Fidde, 's Fritzle, Peter M. und Gülcihan werden munter darüber rechten, welcher Herkunft ihre Stadt und deren Sprache sei. Des Zündstoffs gibt's die Menge, auch wenn nun eine Doktorarbeit vorliegt.

Zum Donderwetter! Da hat doch der Nestor der alemannischen Sprachforschung, Karl Bohnenberger, Gott hab ihn selig, einmal den Dialekt im Heilbronner Raum als eine »besonders peinliche Stelle andauernder Unsicherheiten« bezeichnet. Und der Ladislaus Suntheim, seines Zeichens maximilianischer Hofkaplan und Historiograph, hat doch tatsächlich anno 1500 nicht nur richtigerweise gelobt, »der pesst Neckerwein wechst zu Haylprun«, sondern auch nachweisen zu müssen geglaubt, die Heilbronner seien Schwaben, selbst wenn sie es nicht wahrhaben wollen. Da schlag' doch's Dunderwetter nei, Herrgolles noch êmôl!

Preß-Freyheit

»Ohne des Rats Vorwissen und Bewilligung« darf Christoph Krauss, der erste Buchdrucker anno 1630 in Heilbronn, »nichts drucken, was es auch sei.« An Mut fehlt es dem Vorgänger der Heilbronner Blattmacher nicht. Als 1650 die Bürger über die Vetternwirtschaft der Ratsherren schimpfen und diese sich entrüsten, sie seien »niemand Rechenschaft schuldig als Gott im Himmel«, druckt Krauss die Jahrmarktspredigt von Pfarrer Hiemer, der wider die Obrigkeit wettert; der Rat läßt das Flugblatt einziehen.
Als »Wochentlich-Heilbronnisches Nachricht- und Kundschaffts-Blatt« erscheint am 1. Januar 1744 die erste Heilbronner Zeitung, »worinnen verschiedene Materie vorkommt, welche zu dem allgemeinen Nutzen des Nebenmenschen dienlich ist«. Herausgeber, Redakteur und Drucker in einer Person ist Johann Christian Leucht. Der Rat gibt's ihm schriftlich, »nichts darin zu trucken, wodurch löblicher Magistrats eines Praejudiz zugezogen werden könnte«. Tief verbeugt sich Leucht im Zeitungskopf unter dem laubumkränzten Stadtadler: »Mit Eines Hoch-Edlen und Hochweisen Magistrats Hochgeneigtester Bewilligung«.
Überregionale Nachrichten erscheinen um 1763 erstmals in der »Samlung der neuesten und merkwürdigsten Stats- und Kriegsgeschichte«, die Buchhändler Franz Josef Eckebrecht »Mit Ihro Römisch-Kayserl. Majestät allergnädigstem Privilegio« herausgibt. Zur Wundertüte des Hochstaplers Tourouvre gehört auch die »Akademische Zeitung von Heilbronn« mit einer Ausgabe 1777.
»Preß-Freyheit« ist eine der wichtigsten Forderungen des 19. Jahrhunderts. Vornean tuckert das legendäre »Neckar-Dampfschiff«. Die von August Ruoff 1842 gegründete Zeitung, deren Titel Fortschritt signalisieren soll und die 1848 Heinrich Güldig übernimmt, entwickelt sich zum radikal-demokratischen Kampfblatt der 1848er Revolutionäre; die »freisinnigen Journalisten« landen mehrfach wegen »Hochverraths« im Gefängnis. Schillerndste Persönlichkeit ist Adolph Majer, der »den gewaltsamen Umsturz der Regierung« fordert. Nach dem Scheitern der Revolution endet 1853 des »Neckar-Dampfschiffs« Sturmfahrt.
Wohlwollend blickt die Obrigkeit auf das konservative »Heilbronner Tagblatt«; so heißt seit 1848 nach »Wochenblatt«

Nro. 39. Dienſtags den 27. Sept. 1757.
Mit Eines Hoch-Edlen u. Hochweiſen Magiſtrats Hochgeneigteſter Bewilligung.
Wochentlich-Heilbronniſches Nachricht- und Kundſchaffts-Blatt.
Welches alle Dienſtag Mittags zu haben iſt.

Sachen, ſo zu verkauffen ſowohl in- als auſſerhalb der Stadt an Mobilien und liegenden Gütern:
Weyl. Mſtr. Chriſtoph Jörgen, Rothgerbers Wittib, iſt freywillig entſchloſſen, nachfolgende Güther an den Meiſtbiethenden zu verkaufen:
2. Viertel Weinberg im Riedenberg, neben S. T. Herrn Burgermeiſt. Mylius.
2. Viertel dito, in zwey Stücken im Nordberg, neben Mſtr. Scheuermann, Metzger, und Johannes Drautzen Wittib.
1 ½. Viertel dito im Anhang, neben Dionyſius Böhringer.
3. Viertel Ackers beym Seelins Bronnen, auf die Wieſen ſtoſend, neben Hrn. Böhringer.
3. Viertel in der Au, neben Jörg Adam Betzen.
Die Liebhabere können ſich bey derſelben melden, und bis Montag den 3. October Vormittags um 9. Uhr auf Löbl. Rechenſtube ſich einfinden.

Titelseite 1757 der ersten Heilbronner Zeitung von 1744: Das Bekanntmachungs- und Anzeigenblatt veröffentlicht Verkaufsangebote und Kaufgesuche, »obrigkeitliche Verordnungen«, Tag- und Fuhrlöhne, Preise für Lebensmittel, Stellenangebote und Gästelisten der Gasthöfe

Erster Titelwechsel zum »Wochenblatt« (1780–1801): Das Laub um den Stadtadler und der »Hoch-Edle Magistrat« sind gestrichen

15tes Stück. 1786.
Dienſtags, den 11 April
Heilbronner Wochenblatt.
Mit Hochobrigkeitlicher Genehmigung.

Weinbergbau Tax 1786.

Vom Morgen ſo gut geſtockt	12 fl.	Vom Morgen ſo ſchlecht geſtockt	11 fl.
Nemlich:		Nemlich:	
Pfähl auszuziehen	32 kr.	Pfähl auszuziehen	30 kr.
Pfähl einzuſpitzen	28 kr.	Pfähl einzuſpitzen	26 kr.
Zu ſchneiden	2 fl. 30 kr.	Zu ſchneiden	2 fl.
Ruthen zu biegen	30 kr.	Ruthen zu biegen	28 kr.

Nro. 11. 1804.
Donnerstag, den 15. März.
Heilbronn'sches
Intelligenz-Blatt.
Mit Churfürstlich-Würtembergischer Höchster Genehmigung.

Nro. 279 1844.
Dienstag, den 26. November.
Intelligenz-Blatt von Heilbronn,
zugleich Amtsblatt
für die Oberamtsbezirke Heilbronn, Brackenheim, Neckarsulm, Weinsberg
und den Großherzoglich Hess. Kreis Wimpfen.
Mit Königl. Württemberg'scher allergnädigster Genehmigung.
Amtliche Bekanntmachungen.
Neckarsulm. Nach einer Benachrichtigung des Bad. Bezirksamts Adelsheim ist die Maul- und Klauenseuche unter dem Rindvieh in Sennfeld ausgebrochen, was hierdurch zur öffentlichen Kenntniß gebracht wird.

Heilbronner Tagblatt
zugleich Amts- und Intelligenzblatt
für die Oberamtsbezirke Heilbronn, Besigheim, Brackenheim, Neckarsulm, Weinsberg
und den Großherzoglich Hess. Kreis Wimpfen.
Nro. 154. Donnerstag den 3 Juli 1851.

Vom »Intelligenz-Blatt« (1801–1848) zum »Tagblatt« (1848–1861): Das Blatt wechselt mehrfach den Titel, in dem Württembergs Krone den Stadtadler verdrängt. Nach 1848 entfällt der Genehmigungshinweis

(1780) und »Intelligenz-Blatt« (1801) das Blatt von 1744. Nach Leucht und den Allingers (1752) hat 1799 die Ära der Verleger Schell begonnen. Mitarbeiter Justinus Kerner dichtet 1848:

Die Freiheit, die uns Einheit schafft, sey
unser Losungswort . . .
Frei ist, wer frei sich selbst bezwingt,
fest hält an Ordnung, Recht.
Doch wer tollkühn sie überspringt,
ist seines Wahnes Knecht.

Die »Neckar-Zeitung«, wie das »Tagblatt« seit 1861 heißt, blüht unter Verleger Viktor Kraemer I und dessen Sohn Viktor Kraemer II nach der Jahrhundertwende vom Provinzblatt zur nationalen Bedeutung auf. Vier herausragende Chefredakteure machen's möglich:
1902 bis 1912 Dr. Ernst Jäckh (»Herrgöttle«), der schreibgewaltige Vater der deutsch-türkischen Freundschaft, 1912 bis 1917 Dr. Theodor Heuss, gebürtiger Brackenheimer, Karlsschüler und 1949 erster Bundespräsident, 1918 bis 1919 Dr. Erich Schairer, der mit Krach ausscheidet und die bedeutende »Sonntags-Zeitung« gründet, und 1926 bis 1934 Dr. Heinz Goldammer, der im Café Mössinger seine »mit Spannung erwarteten« (Rolf Palm) Leitartikel für die Samstagsausgabe schreibt (»Politisches Wochenende«). Unermüdlicher Lokalchef an ihrer Seite ist Robert Bauer.
Neben der liberalen »Neckar-Zeitung« erscheinen um 1900 der deutschnationale »Heilbronner General-Anzeiger« (1880), den Kraemer und Schell 1887 gekauft haben, und die demokratische »Heilbronner Zeitung« (1870) von Carl Wulle und Carl-Wilhelm Fischer; ab 1920 gehört auch dieses Blatt als »Heilbronner Abend-Zeitung« zum Kraemer-Reich.
Einen bunten Strauß von Zeitschriften bietet der Verlag Otto Weber (1887) an: Allgemeiner Sonntags-Anzeiger, Tierbörse und die Süddeutsche Illustrierte (Untertitel: Frankfurter Illustrierte). Mit dem schöngeistigen Verlag Walter Seifert übernimmt Weber auch dessen Renommierblätter »Die Fahne« und »Telos«.
Mit dem »Neckar-Echo«, das die Sozialdemokraten erstmals am 27. Februar 1908 herausgeben, wird Heilbronn zur Vierzeitungsstadt. Führende Persönlichkeiten dieses Blattes »für das werktätige Volk« sind der »schwäbische Volkstribun« und spätere Innenminister Fritz Ulrich, Gotthilf Hitzler, der radikale Lukas Müller und Feuilletonist Will Schaber. Als fünfte Zeitung gibt's 1921/22 eine lokale »Volksstimme« der Kommunisten.
»Nieder mit der Neckar-Zeitung! Nieder mit dem roten Heilbronn!« Mit dieser Parole verdrängt Kreisleiter Richard Drauz zu Beginn der NS-Zeit die meinungsfreudige Presse. Das »Neckar-Echo« wird am 7. März 1933 verboten. Rollkommandos verprügeln Willy Dürr (»Abend-Zeitung«), Hans Franke (»Neckar-Zeitung«) und den Verleger. Nachdem Viktor Kraemer II schon 1933 die »Abend-Zeitung« und den »General-Anzeiger« eingestellt hat, gibt er im Frühjahr 1934 auch die »Neckar-Zeitung« auf. Mit Tränen in den Augen verabschiedet er sich im Setzersaal.
Die Partei bestimmt, das »Heilbronner Tagblatt« druckt's; so findet Presse fortan statt. Neben dem NS-Blatt, das aus der »Heilbronner Arbeiterzeitung« von 1929 hervorgegangen ist, gibt's bis Jahresende 1934 noch die »Neckar-Zeitung« mit Hakenkreuz; danach erscheint sie bis Juli 1937 als »Heilbronner Morgenpost«. Die NS-Presse endet im Frühjahr 1945 mit vielen Traueranzeigen für jene, die an der Front »den Heldentod für Führer, Volk und Vaterland starben« oder zu Hause »dem Terror zum Opfer fielen«.
Paul H. Distelbarth und Hermann Schwerdtfeger gründen am 28. März 1946 mit der Lizenz Nr. US-WB 102 der US-Militärregierung die neue »Heilbronner Stimme«. Herausgeber Frank Distelbarth und Chefredakteur Werner Thunert sind sich 1986 beim vierzigjährigen Jubiläum einig: »Wir setzen die Tradition der Neckar-Zeitung fort.«

Samlung
der neuesten und merkwürdigsten
Staats- und Kriegs-Geschichte.
Mit Ihro Römisch-Kayserl. Majestät
allergnädigstem Privilegio.
Heilbronn, den 5ten Februarij 1763.
Fünfte Woche. Num. 16.
Wien, vom 11. Januari.
Man arbeitet hier an der Verfertigung und Bey-
Nichts desloweniger ist man mit denen Kriegs-
Anstalten noch immer auf das eyfrigste beschäfftiget,

Erste Heilbronner Zeitung mit Nachrichten aus aller Welt 1763: Heimatforscher Friedrich Sinzinger hat dieses Exemplar gefunden

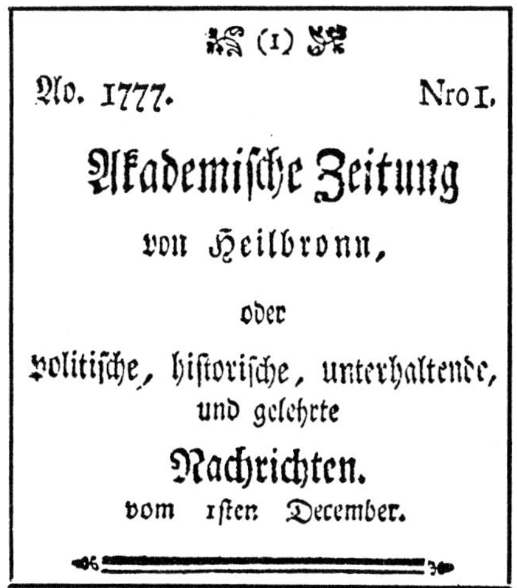

(1)
No. 1777. Nro I.
Akademische Zeitung
von Heilbronn,
oder
politische, historische, unterhaltende,
und gelehrte
Nachrichten.
vom 1sten December.

Großer Bluff 1777: Nur eine Ausgabe der »Akademischen Zeitung« des französischen Hochstaplers Tourouvre erschien

Blatt der Revolutionäre: Den Titel des »Neckar-Dampfschiffs« ziert eine Lithographie mit dem Eintreffen des ersten Dampfschiffs 1841

Erscheint jeden Dienstag, Donnerstag u. Samst. u. kostet ¼jährl. 27kr. durch Post in ganz Würtmbg. 36kr.
Neckar-Dampf-Schiff.
Anzeigen zahlen die Zeile für Nichtabonnenten 2 kr. für Abonnenten 1½ kr.
1842.
№ 39.
Wochenblatt
für
Unterhaltung, Handel, Gewerbe und Landwirthschaft.
Donnerstag, Heilbronn. 29. Dezember.

Stadtadler statt Schiff: Im Revolutionsjahr 1848 änderte das »Neckar-Dampfschiff« mehrfach seinen Zeitungskopf und gab sich neue Untertitel. 1853 war Schluß

Neckar-Dampfschiff.
Heilbronner Volksblatt.
Nro. 77. Samstag, den 1. April 1848.

Neckar-Dampfschiff.
[illegible] Jahrgang. 1848.
Heilbronner Zeitung.
Nro. 130. Sonntag, den 4. Juni.

Die 48er-Revolution

Im Städtle keimt Aufruhr. Nach dem Bekanntwerden der Februarrevolution in Paris erwachen die nationalen und demokratischen Geister. Bei einer Volksversammlung im »Adler« fordern sie am 2. März 1848 das Recht zum Waffentragen, Versammlungs- und »Preß-Freyheit«, Schwurgerichte und die Vertretung der Volksinteressen beim Bundestag. Nach einer flammenden Rede des Bierbrauers und »Löwen«-Wirts Louis Hentges wider die Unschlüssigkeit wollen sie die Marseillaise singen. Weil sich die Musiker weigern, sie zu spielen, einigt man sich auf das Lied »Ehre sei dir«.
Vor dem Hintergrund von Wirtschaftskrisen und Französischer Revolution dröhnt der Schrei gegen die Obrigkeit und für Demokratie und Einheit im zersplitterten Deutschland immer lauter. Heilbronn wird zu einem republikanisch-revolutionären Zentrum in Württemberg. Wenn gerühmt wird, Heilbronn sei früh eine liberale Hochburg gewesen, stehen dafür nicht nur Naumann und Heuss, sondern bereits die 48er-Revolutionäre.
Barrikadenkämpfe gibt es nicht, auch wenn die Stadt 600 Musketen kauft und selbst die Turnerwehr mit Sensenkompanie und Scharfschützen antritt. Im Städtle hält man's mehr mit »Katzenmusiken«, bei denen vermummte Gestalten nachts vor den Häusern andersdenkender Mitbürger lärmen. Wohl kommt es zur Verbrüderung mit dem 8. Infanterieregiment, das jedoch von königlichen Truppen entwaffnet wird. Gleiches geschieht am 12. Juni 1849 mit der Bürgerwehr. Einige wollen trotzdem mit den Turnern in die Kämpfe in Baden eingreifen; aber die meisten kehren um und werden als »Krebsritter« verspottet.
Führender Kopf der Demokraten im »Vaterländischen Verein für Ruhe, Ordnung und bürgerliche Freiheit« ist Louis Hentges, der Heilbronn in der Paulskirche vertritt. Die radikalen Geister scharen sich mehr um August Ruoff vom »Nekkar-Dampfschiff«. Zu den zentralen Gestalten in Württemberg zählt der Heilbronner Gärtnersohn und Schriftsteller Ludwig Pfau, der 1849 das Karikaturblatt »Eulenspiegel« gründet. Der Heilbronner Großkaufmann Adolf Goppelt wirkt 1848/49 als Staatsrat für Finanzen im württembergischen »Märzministerium«.
Die Revolution scheitert. Aber aufmüpfig sind die Heilbronner Geister geblieben.

Neckar-Zeitung.

Heilbronner Tagblatt,

Heilbronn, Brackenheim, Neckarsulm, Weinsberg und den Großherzoglich Hess. Kreis Wimpfen.

Nro. 12. Donnerstag den 16. Januar 1862.

Telegramme.

»Neckar-Zeitung« (1861–1934): Nach 1900 erblüht das Provinzblatt unter den Verlegern Viktor Kraemer I und II zu einer Tageszeitung mit nationaler Bedeutung. Chefredakteure wie Ernst Jäckh, Theodor Heuss, Erich Schairer und Heinz Goldammer machen's möglich

11. Jahrgang. Heilbronn, Montag 11. November 1918. Nr. 265.

Auflage 9000. Neckar-Echo Auflage 9000.

Tageszeitung fürs werktätige Volk

Offizielles Publikationsorgan des Heilbronner Arbeiter- und Soldatenrats.

Der Sieg der Revolution.

»Neckar-Echo« (1908–1933 und 1949–1967): Die SPD gründet ihre eigene Zeitung; 1918 erscheint sie als »Publikationsorgan des Heilbronner Arbeiter- und Soldatenrats«. 1933 wird das Blatt verboten. Die Wiederbelebungsversuche nach 1949 enden 1967 mit der Einstellung

Ende einer großen Zeitung: 1934 erschien die »Neckar-Zeitung« unter NS-Regie mit dem Hakenkreuz im Titel

Neckar Zeitung

Älteste täglich erschein. Zeitung Württembergs Gegr. 1744

»Heilbronner Tagblatt« (1932–1945): Hitler und die NS-Ideologie stehen im Blickpunkt der NS-Presse. Nach dem 4. Dezember 1944 endet das »Tausendjährige Reich« mit vielen Traueranzeigen

Heilbronner Tagblatt

Größte Zeitung des Unterlandes

Reichstag für Freiheit und Frieden

Nationalsozialistische Deutsche Arbeiterpartei

Adolf Hitler

Dich ruft dein Führer

Den Heldentod für Führer, Volk und Vaterland starben

Dem Terror fielen zum Opfer

Reichstagswahlen

Der erste Heilbronner Abgeordnete im Berliner Reichstag ist 1871 der Nationalliberale Adolf Goppelt. Die Sozialdemokraten müssen warten; vor ihnen kommen auch noch Bauernbündler dran. Der »rote Kittler« verliert zweimal die Stichwahl der beiden Bestplazierten; nach seiner Niederlage 1898 gegen OB Hegelmaier muß Militär gegen Krawallmacher auf dem Marktplatz einschreiten.

Zu den Vorkämpfern der Arbeiterbewegung gehört Adolf Majer, der 1848 im »Neckar-Dampfschiff« die Aufhebung »aller Vorrechte der Geburt und des Besitzes« fordert. Nach Arbeiterbildungsverein (1865) und Arbeiterbund (1869) gibt es bereits 1870 eine Heilbronner Gruppe der Sozialdemokratischen Arbeiterpartei (SDAP), vor der August Bebel spricht. 1872 gründen die Lassalleaner und 1874 die SDAP ihre Ortsvereine.

In einem Raucherclub tarnen sich die Sozis, als Bismarcks Sozialistengesetze (1878 bis 1890) die Arbeitervereine verbieten, aber Kandidaturen erlauben. Ihre Gallionsfigur ist Schreinermeister Gustav Kittler (1849 bis 1929); der »rote Kittler« wird 1886 als erster Sozialdemokrat in Württemberg in einen Gemeinderat gewählt. »Rosen«-Wirt Wilhelm Schäffler gewinnt 1902 erstmals ein Landtagsmandat für die Unterländer Genossen.

Bei den »Hottentottenwahlen« 1907 wird Heilbronn zum Sprungbrett für den Linksliberalen Friedrich Naumann; mit SPD-Stimmen gewinnt er die Stichwahl gegen den Bauernbündler Dr. Theodor Wolff. Wichtige Helfer für Naumann sind sein Wahlreferent Theodor Heuss und die »Neckar-Zeitung«.

Das Klagelied des Verlierers Franz Feuerstein von der SPD klingt in der Mundart von Gustav Merkt so: »Jetzt hedda merr a Zeiding ghedd und Daach for Daach unsere Idea unter d Läser brachd, so wie unsere Gechner, noo hedda merr da Brautfihrer for d Demokrada nedd macha braucha, sundern hedda unsere aichane Braut noch Berlin in Reichsdaach nei gfihrt.« Nachdem die SPD folgerichtig 1908 das »Neckar-Echo« gegründet hat, klappt's 1912 mit der »aichane Braut«; Feuerstein gewinnt die Stichwahl mit den Stimmen der Naumannwähler.

Erste Heilbronner Abgeordnete in der Weimarer Republik sind 1920 die Sozialdemokratin Anna Ziegler und Weingärtner Wilhelm Haag vom Bauernbund.

Die großen Feste

Festkarte der Schützengilde zur Eröffnung ihres Schützenheims am 4. September 1898 beim Sonnenbrunnen in Böckingen. Vorher stand ihr Schießplatz beim Jägerhaus

Grüße vom Harmoniemaskenball 1897 mit einer Zeichnung der für die Ausstellung 1897 bei der Kelter aufgebauten charakteristischen Heilbronner Bauten

Zum Heilbronner Alltag gehören drei große Feste, von denen der krönende Weinherbst und der beliebte Pferdemarkt viel Tradition haben; das Unterländer Volksfest gibt's erst seit 1926. Zwischendurch feiert man Stadt- und Neckarfeste. Beim Fasching oder Karneval, um den sich heute die Carnevals-Gesellschaft müht, fehlt im reformierten Heilbronn »a bissle« der große Schwung aus den Hochburgen des närrischen Treibens.

Nachdem bereits 1146 ein Markt erwähnt wird, bekommt Heilbronn 1287 das Recht zu einem überregionalen Michaelismarkt. Ob der 1692 beschlossene »Roß- und Viehmarckt« tatsächlich stattfindet, ist unklar. Dagegen ist bekannt, daß in diesem Jahr von der Kanzel ein Ratsdekret wider »die übermachte Kleiderpracht und Entblößung des Leibs« verlesen wird; die Standpauke richtet sich besonders gegen »die ungeheuren Büsch von den Frauenzimmern«, die sie ablegen sollten, egal »weß Stands sie wollen«.

Zum Roß- und Viehmarkt trifft man sich ab 1770 auf dem Hammelwasen beim Schießhaus. Die Idee dazu hat Bürgermeister Georg Heinrich von Roßkampff, der auch »Viehmarktstaler« als verlockende Ehrungen einführt. Heilbronn wird ein Zentrum des Marktwesens und Viehhandels; bis zu 13 000 Stück Rindvieh, Schweine und Pferde werden aufgetrieben. Kein Wunder, daß bei solchen Massen der Rat ein Verbot erlassen muß: »Niemand soll kein Sau auf der Gasse lassen gehn bei 15 Pfennig Strafe«. Der eigentliche Pferdemarkt findet ab 1903 auf dem Wollhausplatz und heute um die ehemalige Stadtkelter statt.

Als »Vergnügungswoche« (1926–1929) beginnt mit der Rosenau-Brauerei das »Heilbronner Volksfest« (1933) auf der Theresienwiese. Nach der Firma Siebold und Herhaus, Oberneuland, wechseln als Festwirte Richard Engel, Paul Greiner, Oscar Leypoldt und Paul Widmayer. Da 1939 ein Hochwasser den Festplatz überschwemmt, dürfen die Schausteller danach eine Woche länger bleiben. Mit Attraktionen wie die »Todeswand« geht's 1947 wieder los. Während des Kanalbaus müssen die Buden auf die Böckinger Seite ausweichen. Seit 1953 gestaltet »Göckeles-Mayern« das Unterländer Volksfest; getrunken wird heimisches Cluss.

Karneval zu Heilbronn hat viele Gesichter. 1859 ergießt sich wieder einmal eine wahre Flut von Maskenbällen über die Gasthäuser, denn »dies Leben sei doch gar zu langweilig und prosaisch geworden und es möchte wohl eines Versuches werth sein, . . . auch den Carneval wieder in seine Rechte einzusetzen«. Aber meistens geben sich die Heilbronner zurückhaltend, vor allem in Notzeiten.

»Neckar-Zeitung« 1931: »Man wird dem Fasching 31 kaum eine Träne nachweinen; er war weder turbulent noch exzessiv, noch irgendwie aufregend. Es war eine beschauliche Unterbrechung der schweren Zeit, es dauerte zu lange, ehe man sich von allem lösen konnte, was man im Karneval vergessen sollte. Und viele gab es, die weigerten sich sogar, ihre Kappe aufzusetzen, wenn sie auf einem der Kappenabende waren.«

Königin der Festlichkeiten zu Heilbronn ist und bleibt der Herbst, ob im Weindorf oder beim Traubenblütenfest! Da können auch legendäre Strafen nicht schrecken. Anno 1732 hat der Rat verfügt, daß »zwei dem Trunk ergebene Weiber« auf dem Marktplatz promenieren müssen; um ihren Hals hat man einen Krug gehängt und daran einen Zettel mit der Aufschrift »Versoffene Krugursel« befestigt.

Heute gibt's das natürlich nicht mehr.

Vereinschronik

Es gibt kaum einen Verein in deutschen Landen, den es nicht in Heilbronn gegeben hat und vielfach noch gibt. Schützen, Sänger und Turner bilden die ersten Zusammenschlüsse, Kunstfreunde und Historiker, Schwimmer und Wanderer, Reiter, Kicker und Tennisspieler, Hundefreunde und Kleintierzüchter und viele andere folgen, ob nun der Jünglingsverein von 1867, der Verein zur Hebung des Fremdenverkehrs anno 1894 oder die Bavaria 1910. Sie treiben Sport, pflegen Kultur und Liebhabereien, trachten nach hehren Zielen oder treffen sich ganz einfach unter Gleichgesinnten.

Zuerst sei das Loblied der Sänger gesungen! Der Singkranz (24. Juni 1818) ist der viertälteste deutsche Gesangverein und hat 1957 die erste Zelterplakette erhalten. Als Urbanus (1842) lassen die Wengerter ihre Stimme erschallen, Liederkranz (1855) und Cäcilienverein (1856) singen frühzeitig im Städtle mit. 1840 findet das 1. Liederfest des Schwäbischen Singkreises auf dem Hammelwasen statt, unter den tausend Gästen beim 2. Sängerfest 1851 singt auch Friedrich Silcher mit. Anfänge des Sängergaus Heilbronn (1951) sieht Werner Thierbach im 1. Heilbronner Bezirks-Sängerfest 1884 in Sontheim und im Unteren Neckargau (1920).

Sportlich mögen Schwimmer begonnen haben, die zu reichsstädtischen Zeiten im Neckar ihre Künste gemessen haben. Der erste bekannte Wettbewerb ist jedoch das Ritterturnier 1408, an dem 24 Grafen, 16 Freiherren, 35 Ritter und 165 Edelknechte auf dem Marktplatz teilgenommen haben.

Die Schützen treffen sich erstmals 1506 zu einem Wettbewerb, 1827 wird die Schützengilde gegründet. Das Bürgerliche Jägercorps (1830), das beim Besuch der Majestäten aufmarschiert und in Abwesenheit des Militärs für Ruhe und Ordnung sorgt, geht 1848 in der Bürgerwehr auf. Mit dem Zimmerstutzen fängt 1903 der Schützenverein an.

Eines der mutigsten Kapitel der Vereine haben die Turner geschrieben! Mit 32 Mitgliedern wird am 2. April 1845 die Turngemeinde gründet. Schon 1846 findet das schwäbische Turnfest auf dem Hammelwasen statt, bei dem Kapitän Rudolf Flaig 35 Turngemeinden begrüßt. Neben der Ertüchtigung des Körpers nehmen's die Turner auch mit dem Geist sehr ernst! 1848 kämpfen sie an vorderster Linie für die Freiheit.

Zu den sportlichen Früchten der Turngemeinde gehört die Rudergesellschaft Schwaben, die 1879 von Karl Betz gegründet wird und ab 1898 große Regatten veranstaltet. 1931 kommt eine Frauenabteilung um Paula Stotz hinzu.

Das Kulturleben befruchtet der Kunstverein, 1879 von einem Kreis um Rektor Dr. Pressel geschaffen; viele Ausstellungen bekannter und neuer Künstler weiten den Blick. Schon 1876 haben die Chronisten den historischen Verein gegründet. Für die Literaturfreunde gibt's ab 1903 neben der Volksbibliothek im Kirchhöfle auch die von Dr. Ernst Jäckh und Peter Bruckmann ins Leben gerufene Ortsgruppe des Goethebundes. Als Vorstufe zur Volkshochschule entsteht 1919 ein Volksbildungsausschuß.

Festkarte zur Eröffnung des Heilbronner Wegs 1898 in den Ötztaler Alpen durch die Sektion Heilbronn des deutschen und österreichischen Alpenvereins. 1910 wurde die Heilbronner Hütte auf dem Taschenjöchl bei Schlanders eingeweiht

»Frühlingsfest« 1906 mit einem Damenkränzchen in schmucken Trachten

Scherzkranz 1885: Kabarett des Liederkranzes Heilbronn im Fasching. Aus Gesundheitsgründen: Rauchverbot!

Liederkranz Heilbronn.

Sonntag den 22. März 1885
abends 8 Uhr

SCHERZ-KRANZ

im grossen Saale der Harmonie.

PROGRAMM.

1. **Faschings-Chor** . . . . *Burkhardt.*
2. **Tyroler-Duett** für Sopran und Bariton (fidele Schnadahüpfl) . . . . . . *Taubert.*
3. **„Normal“**, grossartige Verherrlichung der Jäger'schen Seelen-Theorie . . . . *Schmidt-Dolf.*
4. **„Schwiegermutter“**, urkomisches Couplet vorgetragen von dem ersten „Dünnsänger“ des Männer-Gesang-Vereins von Komischhofen.
5. **Ein Seiltänzer.** Auftreten des weltberühmten Künstlers Baldrian Springhopp.
6. **Reisende Musikanten** (aus welchem Weltteil unbekannt).
7. **Sänger-Probe** (Auftreten des weitbekannten Hasselbacher Liederkranzes) . . *C. Kuntze.*
8. **Trompeter und Nachtwächter** oder **„Die Post“** v. Schäffer. Nach einer wahren Begebenheit bearbeitet und unter der Direktion des Dirigenten Frackberger vorgetragen . . . . *H. Kipper.*
9. **Chinesischer Tanzchor.** Grosse Pantomime mit Musik, Tanz und Gesang, zum Schluss mit grosser Ueberstürzung . *Mayer.* (aufgeführt unter gütiger Mitwirkung des Vereins „Ballettcorps“).

Hierauf:
Fortsetzung der noch nicht beendigten Unterhaltung
unter Aufhebung des während der Programmabwicklung aus Gesundheitsrücksichten eingeführten
Rauchverbots.

Fußballjugend des VfR Heilbronn 1923: In diesem Jahr stiegen ihre Vorbilder aus der ersten Mannschaft erstmals in die württemberg-badische Oberliga auf. In den dreißiger Jahren kümmerten sich vor allem Willi Breuninger, Eugen Burkhardt (Schulen), Gerhard Friedrich, Erwin Gögelmann, Ernst Leidig und Eugen Strudel um die Förderung des VfR-Nachwuchses

Sozial wirken nicht nur Stadt und Kirchen. Wenn von irgendwo eine Naturkatastrophe gemeldet wird, bilden sich Hilfsvereine. 1854 wird der Kranken- und Kreuzerverein zur Unterstützung Bedürftiger tätig; gleichzeitig meldet sich ein Verein zur Abschaffung des Haus- und Straßenbettels. Gegen die Trunksucht wettern 1901 die Blaukreuzler, die sich in einem Verein gegen den Mißbrauch geistiger Getränke vereinigen und eine Trinkerfürsorgestelle einrichten.

Die Wanderer entdecken die Gemeinschaft. Die Ortsgruppe (1889) des Schwäbischen Albvereins wächst bis zur Jahrhundertwende auf 1200 Mitglieder; schon in ihren ersten Statuten stehen »Naturschutz und Landschaftspflege« (Heinz Krüger). 1891 folgt die Sektion Heilbronn des deutschen und österreichischen Alpenvereins, die 1898 in den Ötztaler Alpen den Heilbronner Weg vom Hohen Licht zur Mädelesgabel und 1910 die in Eigenarbeit gebaute Heilbronner Hütte auf dem Taschenjöchl (2770 Meter) bei Schlanders eröffnet. 1899 entsteht eine Bezirksgruppe des Schwarzwaldvereins. Die Naturfreunde bauen 1913 ihr Wanderheim am Steinknickle.

Jede Aufzählung der Vereinsgründungen ist unvollständig: 1855 Freimaurerloge »Karl zum Brunnen des Heils«, 1863 Verschönerungsverein (C. B. Bläß), 1865 Konsumverein, 1867 Christlicher Verein Junger Männer, 1871 Veteranenverein, 1877 Gabelsberger stenographischer Verein, 1879 Zitherclub, 1887 Fischereiverein. Recht unternehmungslustig starten die Radler: 1883 Zweiradverein, später Radfahrerverein mit Rennbahn (1888) in der Badstraße; 1896 Radfahrer-Union.

Eigentlich könnte der Reiterverein seine Anfänge in dem Ritterturnier anno 1408 sehen. Aber es bescheidet sich mit 1884, als mit Fürsprache von Paul Hegelmaier die Einrichtung des 1887 eröffneten Reithauses am Wollhausplatz beschlossen wird. 1925 veranstaltet der Reiterverein mit 200 Meldungen vor 5000 Zuschauern das erste Reit- und Fahrturnier auf dem VfR-Platz, schließt sich mit dem Reithausverein zusammen und stellt sich mit einem Musikreiten in der Reithalle vor.

Erstaunlich, wie früh die Ahnen von Steffi Graf und Boris Becker zu Heilbronn das Racket schwingen! Ein Engländer ist's, auf dessen Anregung 1892 der fünftälteste deutsche Tennisclub auf einem Schlackenplatz der Firma Knorr beginnt; gespielt haben sie noch mit steifen Stehkrägen und großen Hüten. 1911 berichtet die Chronik bereits vom 6. Internationalen Lawn-Tennis-Turnier. Als sich 1931 mehr als 100 Teilnehmer zum 18. Allgemeinen Tennisturnier melden, helfen der Tennisklub 1911 und die Tennisgesellschaft mit ihren Plätzen aus.

Wer zählt die Vereine des 20. Jahrhunderts, nennt ihre Ziele: 1904 katholischer Jungfrauenverein, 1907 Freidenkerbund

Fechten seit 1894: Erinnerung an das 10. Stiftungsfest der Fechterriege 1904

und Ehemalige Heilbronner Obergymnasiasten (EHO), 1913 vaterländische Naturkunde, 1918 Siedlungsverein, 1919 Mieterverein, 1922 Dressurverein für Gebrauchs- und Dressurhunde, 1931 Lichtbildfreunde . . . Und erst die vielen Sportvereine mit stolzen Traditionen!
Der VfR Heilbronn ist einer, in dem sich's Städtle spiegelt: geliebt, verdammt, in alle Himmel gehoben! Angefangen hat's als Fußballklub, der 1896 in der »Hopfenblüte« in der Schulgasse von Albert Kimmich, zwei Pfleiderers, Moritz Schmidt und C. Vogge gegründet wird. Trotz der 7:0-Niederlage im ersten Spiel beim FC Phönix Karlsruhe tragen sie ihren Torwart im Triumph vom Platz. Nacheinander kommen die zunächst selbständigen Vereine FC Württemberg, FC Amicitia und FV Adler dazu, der Name wechselt von Fußball-Gesellschaft über Fußball-Vereinigung (1913) zum Verein für Rasenspieler (1920).
Nachdem unter Dr. Ludwig Heuss 1920 der neue Sportplatz am Neckar eingeweiht werden kann, steigt der VfR 1923 in die württemberg-badische Oberliga auf. Das sind Zeiten, als der VfR die Waldhöfer noch mit 9:0 besiegt! Dem Höhenflug folgen Krisen, 1934 der »Fall Franz«, vorübergehend Ausschluß aus dem DFB, Auflösung des Vereins und Neugründung als Sportverein Heilbronn 96. Aber bald ist's wieder der VfR! Und der steigt 1941 mit der Mannschaft Horn, Wagner, Steiner, Breuning, Rücker, Rapp, Ott, Skudlarski, Huber, Gärtner und Rieger nach einem 3:2-Sieg mit drei Toren von Horn gegen PSV Stuttgart auf.
Viele Meistertitel, Staffelsiege und den ersten Lauf 1920 »Rund um Heilbronn« gewinnen die VfR-Leichtathleten, die ab 1901 an den Start gehen: Max Renkenberger, der Sprinter Horch, Albert Sautter, Ludwig Vahlberg, die legendäre 3 × 1000-Meter-Staffel Karl Taubenberger, »Holde« Ehrhardt und Fritz Gmelin, Baust, Hugo Maier, Gustav Sturm, Schönhaar, Mittelstreckler Emil Lang, der an fünf Länderkämpfen teilnimmt, Rudi Stein, Paul Ocker, Bruno Bolch, die Dreispringer Kreß und Paul Rapp, Hammerwerfer Karl Zorn, Fünfkämpfer Bade und Eugen Schuh (10,8).
Schmunzelnd erinnert sich August Rödenberger in der VfR-Chronik (Siegfried Schilling) an den 800-Meter-Juniorenlauf beim Sportfest 1919 auf dem Rasen der Brückentorwiese. Weil's um den Ehrenpreis der Damen geht, fiebern die Heilbronner auf seinen Sieg gegen die übermächtige auswärtige Konkurrenz. Rödenbergers August gewinnt und darf beim Festball in den Kilianshallen den Ehrenwalzer tanzen.

Schwimmhelden 1921 (von links): Hermann Speidel, Ernst Schilling, Richard Bartelmann und Sportleiter Karl Knörzer

Unter den VfR-Leichtathletinnen sind vor allem die Sprinterinnen Erne Stiegele und Ruth Schneckenburger, Speerwerferin Else Schüßler und Hochspringerin Annemarie Schneckenburger erfolgreich.
Hockey wird seit 1920 gespielt. Zum ersten süddeutschen Jugendturnier 1931 des VfR kommen 21 Vereine, 1932 spielen Fritz Grimm und Hans Mall für Württemberg; 1939 werden die Heilbronner württembergischer Jugendmeister, nachdem die Damen schon in den zwanziger Jahren den Titel geholt haben. Um die gleiche Zeit mausern sich die Handballspieler zur Abteilung (1932), die 1936/37 in die Landesliga aufsteigt.
Wer VfR sagt, muß auch Union sagen! Die Fußballer des 1908 gegründeten Bökkinger Sportvereins haben dem Erzrivalen nicht nur bei Lokalderbys mehrfach die Schau gestohlen. 1931 schreibt eine Berliner Illustrierte über die Union Böckingen nach ihrem ersten von zwei württembergischen Meistertiteln (1934): »Elf Spieler machen ein Dorf berühmt.«
Über eine Fusion von VfR und Union wird seit 1918 immer mal wieder geredet, aber jedesmal abgelehnt. Einer, der Willy Schwarz, hat allerdings das Kunststück geschafft, zuerst schwarz-weißer und dann rot-weißer Vorsitzender zu sein. Seh'n Se, das ist Heilbronn! Und Böckingen! Ein liebenswertes Völkchen!

Lido am Neckar

»Und es war insbesondere Sitte, daß alle, welche zu einer Hochzeit giengen, den Samstag zuvor Bäder gebrauchten«, meldet die Heilbronner Chronik um 1600. Das Baden fängt historisch mit der Ganzkörpersäuberung in mittelalterlichen Badehäusern an. Ein russisches Korps führt im polnischen Erbfolgekrieg 1735 die Sauna ein: »Zwei Brennhütten vor dem Lohtor wurden ihnen zu Schwitzbädern eingerichtet. Nach dem Schwitzen gingen sie in den Neckar.«
Das erste bekannte Neckarbad ist das Linsenmayersche Flußbad (1837) bei der Neckarbrücke; eine Schwimmschule entsteht nebenan beim Götzenturm (1843). Streng sind die Sitten. »Weibspersonen« dürfen sich »weder als Zuschauer noch zum Waschen« bei der Schwimmschule aufhalten, befiehlt die Polizeiverordnung. Nacktbaden wird mit 30 Kreuzer Strafe geahndet: »Darf ohne Badehose dieß nicht geschehen und ebensowenig am Ufer sich ausgekleidet werden.«
Zum beliebten Treffpunkt entwickelt sich das Stadtbad (1892) auf dem späteren Wollhausplatz. Pompös die Fassade, in der sich fast alle Kunstepochen begegnen; drinnen gibt's ein großes Becken nebst Heißluft-, Dampf- und Wannenbädern und ab 1901 auch ein Frauenbad, damit Männlein und Weiblein sich nicht im Wasser begegnen. Schwimmpionier Karl Knörzer: »Damals war der Spaziergang eines weiblichen Wesens von einigem Schamgefühl zur Badezeit am Neckarufer eine Unmöglichkeit!«
Erfolgreich beteiligt sich der Schwimmverein Heilbronn 1898 (SVH), der 1920 bis 1934 Schwimmerbund heißt, vor allem an Langstreckenwettbewerben. Wilhelm und Hermann Pross, Emil Veith (»Quer durch Paris«), Hermann Speidel und die Springerbrüder Kenngott liegen meistens vorn. Held der zwanziger Jahre ist der deutsche Strommeister Ernst Schilling. Glanzlichter der dreißiger Jahre setzen die »Bergerstaffel« mit Emil Remersberger, Bäumlisberger, Landsperger und Schilp, Willy Tretner, Erwin Noller und die Springerschule Otto Rappold.
Liebevoll »Klanäle« nennen die Badefreunde ihren Tummelplatz im Kleinäulein bei der Bleichinsel. Gleich daneben planschen die Kinder im »Kies«; über dem zugeschütteten Neckararm liegt heute der Europaplatz. Zweite Badehochburg ist die »Millere«, wie der Volks-

mund zum ehemaligen Militärschwimmbad bei der Neckarhalde sagt. Noch mehr schwärmen vom Lido! Der liegt nicht in Italien, sondern vor der Haustür in der betonierten Bucht der Horkheimer Schleuse. Rudi Hofmann: »Da kamen bis zu 10 000 Menschen!«

Zum fröhlichen Treiben auf dem Fluß gehören die Ruderschwaben. Oft fühlen sich die Schwimmer gestört, vor allem, wenn der auf dem Uferweg radfahrende Dachdecker Karl Hahn durch ein Sprachrohr den Achter zu höherer Schlagzahl trimmt. Als wieder einmal die Stimme des »Hahnen-Karle« über den Neckar donnert, werfen der kleine Karl Knörzer und seine Freunde das Boot um: »Dös war a Gaude. Aber am Schluß mußten wir die Hälfte von dene rausziehe, weil sie net schwimme hen kenne!«

Georg Bock, der legendäre Fährmann, kümmert sich 1919 als erster Bademeister um die städtische »Millere«. Aber schon 1920 richtet er zwischen der heutigen Firma Telefunken und Knorrstraße einen Fährbetrieb ein. Zunächst stakt er seine Fahrgäste in einem Nachen über den Neckar. Schließlich setzt er Masten auf beiden Ufern und zieht seine Fähre mit einem Seil rüber und nüber.

Die erste Idee von Karl Knörzer, in der Neckarhalde ein Freibad zu bauen, bleibt 1920 noch ein schöner Plan. Für seinen Traum von einem Bad im Pfühlpark werden 1923 bereits der See ausgegraben und die Böschung gestaltet. Aber Oberbürgermeister Beutinger zerreißt die Vereinbarung. Erst der Aufruf des Schwimmerbundes 1932, für ein Freibad zu spenden, führt zum Erfolg. Allerdings übernimmt die Stadt sowohl die 14 000 Reichsmark als auch die Regie und eröffnet 1934 das Freibad in der Neckarhalde.

Die Zeit der Flußbäder neigt sich ihrem Ende entgegen. Letzter Bademeister der »Millere« ist seit 1930 Willi Rothaupt; bei ihm treffen sich vor allem Geschäftsleute um das am Ufer festgezurrte Floß. Nach der Einweihung des Freibades sorgt Rothaupt noch zwei Jahre lang im Kleinäulein für Sicherheit und Ordnung; dazu gehört weiterhin, daß Männlein und Weiblein getrennt baden müssen und nabelfrei bei Damen verpönt ist.

Da ist es eine Sensation, daß 1936 der Naturheilverein im Licht-Luft-Bad am Köpferhang das Nacktsonnenbaden einführt, wohlgemerkt, getrennt nach Geschlechtern. Prießnitz-Vorsitzender Richard Herrmann: »Viele waren empört!«

Die »Millere« 1894: Freiherr von Mühlen (in Badehose auf dem Sprungbrett) posiert mit seinen Gefreiten und Sergeants in der königlichen Militärschwimmanstalt bei der Neckarhalde für den Fotografen. Ab 1919 wird daraus ein öffentliches Flußbad (»Millere«) mit Bademeister Georg Bock. Nebenan richten 1920 der Schwimmerbund und der neue Arbeiter-Wassersportverein ihre Vereinsbäder im Neckar ein

Stadtbad 1892: Männlein und Weiblein mußten anfangs im Stadtbad an der Wollhausstraße getrennt baden

Freibad Neckarhalde 1941: Der Traum von Karl Knörzer und vielen Wasserfreunden ging endlich mit dem 1934 eingeweihten Freibad in der Neckarhalde in Erfüllung. Den Anstoß gab 1932 der Schwimmerbund, der dafür rund 14 000 Mark gesammelt hatte. Aber die Stadt baute das Freibad selbst und kassierte dafür natürlich die Spenden!

Kilianshallen 1912: Kurz vor der Jahrhundertwende wurde am 19. Dezember 1899 der große Saalbau der Kilianshallen in der Fleiner Straße 26 als Großgaststätte und Versammlungslokal eingeweiht. Der Hauptbau wurde 1919 zum Kino umgestaltet: Kammer-Lichtspiele, ab 1927 Film-Palast und zuletzt ab 1931 Ufa-Palast mit 705 Plätzen. Die Postkarte zeigt das stattliche Eingangsportal, den Saal und einen Blick von St. Peter und Paul nach Nordosten auf die namensgebende Kilianskirche

Lebende Bilder

»Das muß ein Stück vom Himmel sein« singt Heilbronn 1931 im Walzertakt. Der Tonfilm ist auf dem Siegeszug, vor dem Ufa-Palast in der Fleiner Straße drängen sich die Menschen, um das Traumpaar Lilian Harvey und Willy Fritsch in dem Film »Der Kongreß tanzt« zu sehen; die 705 Sitzplätze sind tagelang ausverkauft. Nach der Camera obscura und der Laterna magica sieht man die Anfänge des Kinos in »Panoramen«; sie werden in Rundbauten gezeigt, in deren Mitte der Zuschauer sitzt, um den sich Bilder von Landschaften und Schlachten im Großformat drehen. Stadtchronist Werner Föll hat als eine der ältesten Spuren den Auftritt von Joseph Rüß aus München mit seiner »runden Bude« im September 1838 auf dem Kiliansplatz aufgestöbert.

»Lebende Photographien« zeigt erstmals der Kinematograph Georg Kutenits bei der Ausstellung 1897. Die Brüder Lumière haben 1894 den ersten Film gedreht, Max Skladanowsky hat 1895 in Berlin zur öffentlichen Premiere der »Momentphotographien« eingeladen. Auf dem Programm von Kutenits stehen »ganze Gesellschaften, Prozessionen, Eisenbahnzüge, Soldatenübungen etc. in absolut naturgetreuer Weise und Lebendigkeit«. 900 Laufbilder pro Minute machen die Illusion vollkommen.

Union-Theater heißt das erste Kino, das am 28. September 1907 im Gebäude Kieselmarkt 7 eröffnet wird. Für 30 bis 80 Pfennig Eintritt bietet das »vornehme, großstädtische, ständige Unternehmen« die »neuesten Erfindungen der Kinotechnik: singende, sprechende, tanzende Photographien« mit Musik. Die Flimmerkiste hat 120 Sitzplätze auf Bankreihen, die »lebenden Bilder« zeigen aktuell Blériots Flug über den Ärmelkanal oder Lustspiele wie »Der Kuß im Tunnel«.

Für den kleinen Arthur Reis (1904) und seine Freunde erscheint das lange schmale Kino wie »ein in dunkelblauem Samt ausgeschlagenes Mysterium des Lebens«. Staunend verfolgen sie das Geschehen auf der flimmernden Leinwand, das ein Klavierspieler untermalt. Hier erlebt Heilbronn »Die letzten Tage von Pompeji«, »Ben Hur« und »Quo vadis«, fechtet mit Douglas Fairbanks, lacht über Charly Chaplin, Buster Keaton und Harald Lloyd, liebt und leidet mit Henny Porten, Pola Negri und Greta Garbo.

Der große Mann der Heilbronner Kinogeschichte ist Felix Bayer: 1911 gründet er mit Wilhelm Nagel das Lichtspielhaus zum Kilian in der Fleiner Straße 30, 1912 richtet er im »Hochhaus« Kaiserstraße 30 das Central-Theater mit dem ersten Balkon ein und verwandelt 1919 die Kilianshallen in die Kammer-Lichtspiele. Nur kurze Gastspiele geben das Viktoria (1909–1913) in der Kaiserstraße 40, Filme im Apollo-Varieté zwischen Allee und Gartenstraße und ein Kino im Deutschen Haus an der Deutschhofstraße.

Zum Filmpalast mit Oskalydorgel, Orchester und Farblichteffekten wandeln sich 1927 die Kammer-Lichtspiele; hier hört Heilbronn die erste »tönende Leinwand« (Walter Hanns Zeller). Das 705-Platz-Kino gehört ab 1931 als Ufa-Palast zum größten europäischen Filmkonzern. Aus dem Lichtspielhaus zum Kilian ist nach dem Filmtheater Fleiner Straße (Willy Colm) 1922 das Kleine Theater und aus dem Central die Neue Film-Bühne geworden, beide zuletzt unter der Regie von Willi Pitz. Bei dem Luftangriff am 4. Dezember 1944 werden alle Kinos zerstört; die letzten Besucher können sich nicht ins Freie retten.

Mitten in Ruinen bieten nach 1945 neue Kinos die erste Unterhaltung, um vom Alltag zu entspannen. Heute hat Heilbronn 16 Kinos, die zu den Filmtheaterbetrieben Bott und Jaeger gehören.

Kleine Bierologie

Wer beim Volksfest eine zünftige Maß hebt, kann sich Dünnbier der Kriegsjahre ab 1940 kaum vorstellen. Dr. Hans Wilhelm Dietel von Cluss: »Da man so dünnes Bier auf normalem Weg nicht brauen konnte, half man sich dadurch, daß für jeden Sud Normalbier erst zwei, dann drei und dann immer mehr sogenannte Hopfenwasser-Sude hinzugegeben wurden, um das Bier bis auf zuletzt 0,4 Prozent Stammwürze zu verdünnen.«

In der Weinstadt müssen die Bierbrauer jahrhundertelang um Anerkennung kämpfen; mehrfach werden sie verboten. Als Pionier gilt Adler-Wirt Gschwend (1789), der in Heilbronn den Hopfenanbau einführt. Unter württembergischer Herrschaft beginnt der Aufstieg bis zu neun Brauereien im Jahre 1875.

Cluss und Rosenau erobern die Zapfhähne. Stammhaus der Rosenau-Brauerei (»Kätchenbier«), die ab 1878 von der Familie Eckert geführt wird, ist die Brauerei Weidner zum Jakobsbrunnen (1860) in der Nägelinsgasse 4. Heute gehören von der Adlerbrauerei bis zur Rosenau alle Brauereien der Heilbronner Kernstadt zu der 1865 am Rosenberg gegründeten Brauerei Cluss. Außerdem gibt's nur noch die Kronenbrauerei Halter (1894) in Biberach.

Gastliche Stätten

Als Grenzort zwischen Schwaben und Franken und durch seine Weinfeste gilt Heilbronn als gastfreundlicher Treffpunkt. Die berühmten Gasthäuser und Herbergen der Reichsstadt heißen Sonne, Falken und Rose. Elf Lokale machen die Lohtorstraße um 1911 zur »längsten Straße«. Mit der Eisenbahn blühen im Bahnhofsviertel die Hotels vom Kronprinz (1864) bis Royal (1905) auf.
Keine vergleichbare Stadt hat um 1900 so viele Wirtschaften wie Heilbronn; auf ein Gasthaus kommen hier 116 Einwohner, in Ulm 149, in Stuttgart 175. Neben den Gasthöfen winken seit anno Tobak die Besen der Wengerter. 1865 heißt es, man könne in jedem »siebenten Wohnhaus« zechen. 1931 gibt's noch 37 Besen.
Älteste städtische Gaststätte ist der Wartberg (1765). Vom Ratskeller (1897) berichtet die Chronik, daß hier in der Notzeit 1922 täglich vier Eimer Wein für 18 000 bis 21 000 Reichsmark getrunken werden. »Von wem?« fragt einer, der sich's nicht leisten kann. »Von denen, wo's Geld haben«, sagt der Wirt. Eigentlich, meint Oberbürgermeister Beutinger, seien die Herbstfeiern auf der Cäcilienwiese entbehrlich: »Im Ratskeller werden täglich Herbstpartien gefeiert!«
Der Bogen der Kaffeehaustradition spannt sich von der Familie Roman(n), die schon 1696 mit einer Bäckerei anfängt, über das Apollotheater (1898) zwischen Allee und Gartenstraße bis zum Café Noller (1931). Vom Bossaller an der Ecke Allee/Karlstraße, seit 1938 Reinekker, hat schon der Schüler Theodor Heuss geschwärmt: »Das riecht so gut!« Im Mössinger schreibt Chefredakteur Goldammer seine berühmten Leitartikel. Varieté gibt's auch, im Käthchen an der Kirchbrunnenstraße oder im Apollotheather (Schillerbau/Metropol). Milch, Pudding und Fruchtsäfte serviert Familie Maurer 1931 im Milchtrinkgarten an der Ecke Allee/Klarastraße. Gleich neben der Sektkellerei Fuoß lädt um 1935 das alkoholfreie Café und Restaurant Kaisheimer Hof ein. Aber zum nächsten Weinlokal ist's nie weit, beispielsweise zur Spanischen Stube von José Rocca.
»Seid einig – einig – einig!« lallt anno 1935 ein wackerer Zecher lauthals beim Rank in der Sülmerstraße. »Mir sinn doch jetzt alle einig«, besänftigt ihn ein Polizist. »Letteg'schwätz«, kommt Widerspruch. Er sei beim Rocca gewesen, habe alten

Der Kaffeehaus-Verein in der Unteren Neckarstraße 20 (Ansichtskarte), das Jugendheim, die Adlerbrauerei und das Volkshaus zur Linde dienten 1931 als Volksküchen, in denen verbilligtes 25-Pfennig-Essen an bis zu 700 Hilfsbedürftige verteilt wurde

»Helles und dunkles Lagerbier – Kalte und warme Küche zu jeder Tageszeit«: Restaurant zu den Drei Lilien beim Kaiser-Wilhelm-Denkmal auf der Allee um 1911

spanischen und jungen Heilbronner Wein getrunken: »Unn der Schpanische will jetzt unte' naus, unn der Heilbronner, der Lausbua, will owwe' naus.« Gesiegt habe der Heilbronner, erzählt Dr. Carl Frühsorger aus seinem Anekdotenschatz. »Des gibt's net!« habe der Polizist geschimpft. »Des isch Verunreinigung schtädtischen Eigentums. Das koscht drei Mark!« Der Sünder hat eine letzte Bitte: »Augeblick, Herr Wachtmeischter, s' kommt glei no mal für fuffzig Pfennig!«
Stammtische sind beliebt. Beim Schaich im Falken treffen sich 1935 täglich Schlag elf Uhr honorige Bürgersleut. Der spätere Insel-Chefkellner Eugen Hamann (1916) erinnert sich an die meisten Herren, die hier eine Stunde lang vespern und politisieren: Gelatine-Köpf, Krawatten-Adam, Papier-Seel, Nothwangs Karl, Feuerwehr-Binder und Feesers August.
Die große Welt kommt und geht. Im Falken begeistert Franz Liszt 1843 am Klavier. Als Herbert von Karajan 1972 gastiert, dirigiert er die Berliner Philharmoniker in der Harmonie und übernachtet mit Ehefrau Eliette im Insel; beim Helgoländer Topf um Mitternacht grüßt vom Nebentisch der Regierende Bürgermeister Klaus Schütz aus Berlin.

Trappensee 1835: Aus dem Herrenhaus, das sich der vom italienischen Landleben begeisterte Bürgermeister Philipp Orth 1575 auf Pfählen in den See bauen ließ, wurde ein Schlößchen. Durch den neuen Besitzer Trapp (1653) wurde aus dem Orthensee der Trappensee. Nach dem holländischen Admiral von Kinkel (1784) und der Brauerei Cluss (1880) gehört das Schlößchen heute der Stadt

Impressionen

Unmittelbar vor der Haustür haben die Heilbronner die schönsten Erholungslandschaften. Westlich fließt der Neckar an der Innenstadt vorbei. Ein unendlich grünes Band säumt das Ufer des schwäbischen Schicksalsstroms. Die Blätter glitzern im Sonnenglast, da ist ein Säuseln und Raunen und Wiegen im Wind, die Zweige der Trauerweiden streicheln das Wasser; schließt der Passagier von Stumpfs Neckarflotte die Augen zum winzigen Spalt, könnte man meinen, durchs alte Heilbronn zu tuckern, einst auch »Klein-Venedig« genannt.

Parks und Seen, Berge, Wälder und Schluchten prägen den Osten der Stadt. Durch den Pfühlpark führt der Weg zum Trappenseeschlößchen, geboren aus einem italienischen Traum. In dieser Gegend haben die Menschen des untergegangenen Dorfes Altböckingen gelebt. Romantisch wird's im Tal des Köpfers, das sich zur wilden Schlucht steigert; gleich einem Gebirgsbach hat sich das Wasser durch den Keuper gefressen. Im Unterlauf wird daraus der Pfühlbach, der einst den Stadtgraben gefüllt hat.

Jägerhaus um 1900: »Oben bei den großen Steinbrüchen« baut die Stadt 1678 für ihren Jäger ein Wohnhaus. Nach einem Umbau 1787/88 mit Gästezimmern wird daraus eine beliebte Tanz- und Veranstaltungsstätte im Wald. Auf einen Brand 1837 folgt ein noch größerer Neubau für 17200 Gulden. Bei der Einweihung 1863 stellen die Schützengilde und die Jagdgesellschaft auch das heute noch bestehende Jägerzimmer vor

Auf dem Berg geht's beim Jägerhaus, vor dem eine 450jährige Eiche thront, in die stillgelegten Steinbrüche und durch herrlich weite Wälder, vielleicht auf den Spuren der alten Salzstraße nach Hall. Getrost kann man den Galgenberg besuchen; die dreibeinige Hinrichtungsstätte ist 1811 entfernt worden. Herrlich der Rundblick von dem 20 Meter hohen Aussichtsturm (1886), der auf dem Schweinsberg wie ein Schloßtürmchen aus Hauffs Märchenwelt im Wald auftaucht!

Mitten in der schönsten Landschaft gedenken die Heilbronner aber auch der schwersten Stunde ihrer Stadt. Einfache Steinkreuze wachen über dem Massengrab am Köpferhang, in dem die fast 7000 Toten des 4. Dezember 1944 ihre letzte Ruhestätte gefunden haben.

Nur 1200 Meter entfernt steht heute der amerikanische Atomraketen-Stützpunkt »Fort Redleg« auf der ehemaligen Waldheide gleich einer Festung im idyllischen Stadtwald. Die Militärgeschichte der Hochebene am Ende der Jägerhaussteige hat 1883 als Exerzierplatz angefangen. Während der Weimarer Republik wird aus dem »Exe« die Waldheide: ein erholsamer Tummelplatz für die Bevölkerung und Veranstaltungsort für Flugtage. Aber nach 1933 hallen wieder Marschtritte durch die Natur.

Zum Stadtwald gehören auch Legenden. Beim Jägerhaus soll im 15. Jahrhundert der fromme Einsiedler Nollhard gelebt haben. Im Waldesfrieden habe er einsame Buße getan, um sich von einem Mord zu entsühnen, den er im Jähzorn an einem Mönch begangen habe.

Jägerhaus-Steinbruch um 1835: Der feinkörnige Schilfsandstein aus dem Heilbronner Keuper war begehrtes Material für Skulpturen und repräsentative Bauwerke (Amsterdamer Hauptbahnhof, Wasserturm Mannheim, Kruppsche Villa in Essen, Rosetten des Kölner Doms). Auf der Wolff-Lithographie transportiert gerade ein Kärcher ein paar Gesteinsbrocken zur Stadt. Die von Farnen überwucherten 20 Meter hohen Steinbänke stehen heute unter Naturschutz und bilden eine herrliche landschaftliche Kulisse

Waldfest im Köpfer um 1835: Mittelpunkt der Anlage mit Steinbrückchen, Musikpavillon und Brunnen ist eine Einsiedlerklause. Die Köpfersage erzählt, daß der Junker Veit Imlin nach Kreuzzug und Gefangenschaft als Bettler heimkehrte und sich unerkannt in die Klause zurückzog, weil seine Frau den Reichsvogt geheiratet hatte. Viele suchten Rat bei ihm. Als der Vogt ihn erkannte, ließ er ihn und seinen Sohn vor der Klause enthaupten

Erstes Industrierevier um 1835: Auf dem Hefenweiler vor dem Brückentor nutzten 27 Mühlen schon 1807 die Wasserkräfte des Neckars. Heute steht auf der Insel, die ihren Namen von der einst hier hergestellten Weinhefe hat, das Inselhotel

Schwabens Liverpool

Im Orchester der württembergischen Städte spielt Heilbronn die Rolle eines eigenwilligen und herausragenden Solisten, der sich nicht scheut, auch mal der Landeshauptstadt den Dirigentenstab aus der Hand zu nehmen, egal, ob die Herrschaften am Nesenbach knurren.

Als Handelsmetropole und Hauptstadt des Neckars blüht Heilbronn lange vor Stuttgart. An der Wende zum 19. Jahrhundert gibt es sechzig größere Handelshäuser in der 5700-Seelen-Stadt. Kurz vor dem 20. Jahrhundert liegt Heilbronn, das inzwischen rund 38 000 Einwohner hat, schon wieder vorn, diesmal als einer der bedeutendsten Industrieorte des Landes mit 58 Fabriken und 9000 Arbeitern. Aus dem knitzen »Klein-Venedig« des Handels ist das schaffige »schwäbische Liverpool« der Fabriken geworden.

Die durch die freie Wirtschafts- und Gesellschaftsform einer Reichsstadt geprägten Kaufleute und Handwerker erkennen und nutzen frühzeitig die Zeichen des neuen Industriezeitalters. Die Historiker Dr. Bernd Klagholz und Dr. Götz Meidinger haben in zwei bemerkenswerten Dokumentationen die Entwicklung der Heilbronner Industrie nachgezeichnet.

Auf den Neckarinseln vor der Brücke entwickelt sich das erste Industrierevier. 1807 klappern hier nicht nur 27 Mühlen romantisch vor sich hin, sondern sorgen für die größte Ansammlung von Wasserkräften in Württemberg. Verarbeitet werden Rohstoffe aus dem fruchtbaren Umland, Gips, Farbhölzer und Lumpen, die sich in Büttenpapier verwandeln.

Fabrikant Nr. 1 ist das Handelshaus Georg Friedrich Rund (1727), das 1759 auf dem Hafenweiler eine Eisenschmiede kauft und 1801 am Rosenberg eine Firma für Bleiweiß und Essig gründet. Seit 1771 dreht sich die erste Ölmühle von Baumann, dessen Betrieb 1882 von Carl Hagenbucher & Sohn übernommen wird. Die Ölfabrik Ludwig Hahn hat 1797 mit einer Mühle angefangen; im Sommer wird Gips zu Dünger und im Winter der Raps zu Öl verarbeitet.

Könige der Inseln sind die Papierfabrikanten. Die Gebrüder von Rauch stellen 1823 in ihrer Mühle auf dem Hospitalgrün als erste süddeutsche Unternehmer eine englische Maschine zur Herstellung von Endlospapier auf. Nachbar Gustav Schaeuffelen verwendet 1830 die erste auf dem Kontinent entwickelte Endlospapiermaschine, die Johann Jakob Wildmann für ihn konstruiert. Schaeuffelen ist zeitweise der größte deutsche Papierhersteller. Zur berühmten »Papierstadt« gehören außerdem A. Landerer (1837), C. Berberich (1863), Baier & Schneider (1877) und Ernst Mayer (1877).

Als erste Fabrik im deutschen Silbergewerbe gilt P. Bruckmann & Söhne (1805); der Silberschmied prägt ab 1810 mit selbstgeschnittenen Stempeln die kunstvollen Ornamente auf seine Produkte. Genau wie Bruckmann gewinnt die Messerfabrik Dittmar (1789) viele Preise. Einer der hellsten Köpfe aus der Gründerzeit ist Friedrich Michael Münzing; er gewinnt 1810 einen vom Königreich ausgeschriebenen Wettbewerb um den besten Vorschlag für einen Betrieb zur Herstellung von Schwefelsäure aus sizilianischem Schwefel; mit dem Preisgeld macht er sich selbständig.

Mit 17 Fabriken und 450 Arbeitern hat die 10 000-Einwohner-Stadt Heilbronn

1832 die meisten Fabriken in Württemberg; bei der Zahl der Arbeiter liegen Esslingen, Cannstatt und Heidenheim weiter vorn. »Daß Heilbronn auch eine bedeutende Fabrikstadt ist«, heißt es 1863, »darauf weisen die zahlreichen, weithin in Heilbronn und Umgebung in die Luft starrenden Kamine der vielen verwendeten Dampfmaschinen hin.«
Neben Papier und Nahrung gibt's viel Metall, Maschinen und Chemie: Destillierapparate F. A. Wolff (1839), Knorr (1838), Schiffswerft Franz Bauhardt (1841), die heutige Kali-Chemie (1852), Eisengießerei und Maschinenfabrik Julius Wolff (1854), Zuckerfabrik (1855), Senf- und Essigfabrik Wilhelm Wecker (1819/1855), Landwirtschaftliche Geräte Amos (1860) und Hammer-Brennerei Landauer & Macholl (1861). »Pianoforte« werden eine besondere Spezialität: G. L. Nagel (1828), Uebel & Lechleiter (1871) und C. F. Glass (1881).
Statistik 1861: 250 Betriebe, 2723 Arbeiter, 14 333 Einwohner. Nach der Gewerbefreiheit 1862 kommen neue Firmen: Spritfabrik Louis Brüggemann (1868), Mechanische Zwirnerei Friedrich Ackermann (1869), Landwirtschaftliche Maschinen J. Weipert und Söhne (1866/69), ab 1911 Werkzeugmaschinenfabrik Ferdinand C. Weipert, Harzproduktenfabrik Krämer und Flammer (1871), Waagenfabrik Wegenast (1875), Salzwerk (1883), Schuhfabrik Wolf (1890), Posamente J. F. Rieleder (1845/1890), Seifen-Madaform (1858/1892), Schuhmaschinenfabrik Maier & Remshardt (1892), Gelatinefabrik Heinrich Koepff (1897) und Nahrungsmittelfabriken Otto & Kaiser (1900).
Kurz vor der Wende zum 20. Jahrhundert stellen sich die Heilbronner Firmen bei der großem Kunst-, Gewerbe und Industrieausstellung 1897 im schönsten Licht vor. Schon seit 1888 wird das heutige Industriegebiet ab dem Kleinäulein planmäßig erschlossen. 1890 liegt Heilbronn mit 4657 Dampfmaschinen-PS vor der Stuttgarter Industrie (3484).
Während die benachbarte NSU 1905 zur »größten Motorradfabrik Deutschlands« aufsteigt, drängen auch in Heilbronn die Metallverarbeitung und der Apparate-, Werkzeug- und Maschinenbau auf Platz 2 hinter der Nahrung: Karosseriebau Gustav Drauz (1900), Heilbronner Fahrzeugfabrik Paul Günther (1905), Deutsche Öl-Feuerungs-Werke Karl Schmidt (1910) und die Firma Kupfer-Asbest-Co (1914), die erstmals in Deutschland die

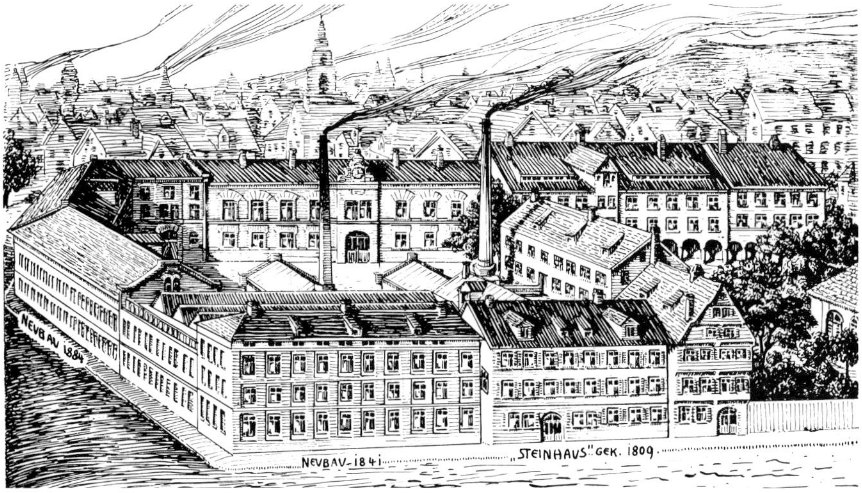

Bruckmann 1841: Die Silberwarenfabrik entwickelte sich nach Anfängen um 1805 am Marktplatz und der Verlegung 1809 an die Allerheiligenstraße zu einem führenden deutschen Unternehmen und siedelte 1898 in die Lerchenstraße um. Die Familie spielte eine wichtige Rolle im kommunalen und kulturellen Leben der Stadt. 1966 bis 1973 endete die Firmengeschichte als Zweigwerk der holländischen N.V. Gerofabriek

Salzwerk Heilbronn: Nach einem Wettbohren 1882, bei dem die Stadt gewonnen hatte, übernahm die 1883 gegründete Salzwerk Heilbronn AG auf 99 Jahre die Abbaurechte. 1885 konnte mit der Salzförderung aus 169,50 Meter Tiefe begonnen werden. 1970 verzichtete die Stadt auf ihr Rückfallrecht. Die Salzbergwerke Heilbronn und Bad Friedrichshall vereinigten sich 1971 zur Südwestdeutschen Salzwerke AG

Zuckerfabrik nach dem Wiederaufbau 1914: Als »eines der großartigsten Etablissements« entstand 1853 die Zuckerfabrik am Rosenberg. Die erste industrielle Aktiengesellschaft verarbeitete auch Rüben aus eigenen Anbauflächen. Bevor die Fabrik einen Gleisanschluß bekam, wurden täglich bis zu dreißig Waggonladungen Rüben vom Güterbahnhof an einer 1,4 Kilometer langen Drahtseilbahn über den Neckar zum Werk befördert. Nach einem Großbrand 1913 wurde die Fabrik vergrößert

Die Nahrungsmittelfabrik C. H. Knorr, 1838 in der Bahnhofsstadt als »Cichorien-Caffee-Fabrik« gegründet, entwickelte sich zum größten Heilbronner Betrieb mit heute rund 2000 Beschäftigten. Das Bild zeigt die Fabrikanlage um 1938 im Südviertel

Zylinderblockdichtungen für Kraftfahrzeuge, Flugzeuge und U-Boote herstellt (KACO). Textilien und Nahrung bleiben gefragt: Lederfabrik Gebrüder Victor (1910) und Chabeso-Fabrik Götz (1914). Was sich während des Ersten Weltkriegs und in der Weimarer Republik, in der NS-Zeit und im Zweiten Weltkrieg wirtschaftlich abspielt, sei nur schlaglichtartig beleuchtet. Während Klagholz die Anfänge der lokalen Industrie bis 1914 untersucht hat, konzentriert sich Meidinger auf die Zeit ab 1914. Es beginnt die Epoche der sparsamen Freuden und reichlicher Not. Viele Steine gibt's und wenig Brot; und am Schluß kommt der Tod . . .

Erster Weltkrieg. Knorr muß gleich 7,5 Millionen Feldrationen beschaffen und seine Produktion ums Sechsfache steigern. Bei den Herstellern von Luxusgütern und Exportartikeln geht's abwärts. Mit Notstandsarbeiten will man die Arbeitslosigkeit dämpfen. Klavierfabriken müssen ihre Räume als Massenquartiere freimachen. Überall fehlt's an Nahrung, Kohlen, Rohstoffen . . . Betriebe werden zusammen-, manche stillgelegt. Das »Hindenburg-Programm« soll die Rüstungsproduktion steigern. Von den Metallern arbeitet zunächst nur die Fahrzeug-Fabrik GmbH fürs Heer. Bruckmann muß pausieren und dann Munition liefern. Fürs Pulver stellen die chemischen Fabriken kalzinierte Soda für künstlichen Salpeter und Schaeuffelen nitrierte Zellulose her. F. C. Weipert produziert Geschoßdrehbänke. Unterernährte Schulkinder müssen »Laubheu« als Futter für Tiere sammeln.

Nachkriegsjahre 1919 bis 1923. Streiks wirbeln das Leben durcheinander. Der Achtstundentag wird eingeführt. Als Folge der durch die hohe Staatsverschuldung zur Kriegsfinanzierung ausgelösten Inflation steigen Preise und Löhne in ungeahnte Höhen. Vielfach geht man zur Bezahlung in Naturalien über. Um direkt an den Kapitalmarkt heranzutreten und teure Bankkredite zu vermeiden, werden viele Betriebe in Aktiengesellschaften umgewandelt. Im Rahmen von Notstandsarbeiten für Arbeitslose wird mit dem Bau des Neckarkanals begonnen.

»Goldene Zwanziger«. Die Währungsreform 1924 führt zu einer wirtschaftlichen Erholung. Die US-Konkurrenz zwingt zur Rationalisierung. Von den neuen Firmen entwickelt sich die Glashütte (1922) erfolgreich. Das von NSU gegründete Heilbronner Werk (1922) wird von der Deutschen Fiat-AG als NSU Automobil-AG (1929) übernommen. Rauch und Schaeuffelen bilden den größten Feinpapierkonzern Deutschlands. Auf eine Rezession 1926 und den Aufschwung 1927/28 folgt die Weltwirtschaftskriese nach dem »schwarzen Freitag« am 25. Oktober 1929 an der New Yorker Aktienbörse. Mit 12 246 Arbeitslosen verzeichnet der Heilbronner Raum im März 1932 einen absoluten Tiefpunkt.

NS-Zeit 1933 bis 1939. Erstes Opfer der »Arisierung«, mit der jüdische Unternehmer verdrängt werden, ist die Schuhfabrik Wolko (1933). Die Befreiung von der Kfz-Steuer für die nach dem 31. März 1933 zugelassenen Pkw hilft der Kfz-Industrie. Getreu der Parole »Deutsche kaufen deutsche Waren« verwendet Fiat die Aufbauten der Karosseriewerke Weinsberg für seine Heilbronner Wagen. Auch Ford-Lieferant Drauz, Drögmöller, Wankmiller (Zündapp-Volkswagen) und KACO profitieren vom Aufwind. Der Neckarkanal Mannheim–Heilbronn (1935) wird vollendet, ganz neu entsteht die Autobahn Heilbronn–Stuttgart (1935–1940). Nach der Einführung der Wehrpflicht (1935) gibt's 1937 nur noch 97 Arbeitslose.

Zweiter Weltkrieg 1939 bis 1945. Viele Fachkräfte werden einberufen, andere tauschen ihre bisherige Position mit Arbeitsplätzen in der Rüstung. Die Firma Drauz muß fünfzig Experten für die Luftwaffenproduktion an Messerschmitt abgeben und fertigt bald selbst Teile für den Düsenjäger »Me 262« und die V 1. Immer mehr Betriebe werden von der Rüstungsproduktion erfaßt oder an sie vermietet. Bruckmann stellt vorwiegend Zünder für Handgranaten her; 1700 Beschäftigte bedeuten Rekord. Ernst Vogelmann liefert waggonweise das »kriegsentscheidende« Kesselsteinlösungsmittel Cillit. Der Bombenkrieg, der mit einem Luftangriff am 17. Dezember 1940 beginnt, Truppenaufmärsche, Verdunkelung, Lebensmittelkarten, Nachtlager im Keller und der »totale Kriegseinsatz« sind Alltag. 1944 beginnen KZ-Häftlinge, die Stollen des Salzbergwerks für die Auslagerung von Rüstungsbetrieben vorzubereiten. Aber es kommt nicht mehr dazu!

4. Dezember 1944. Nach dem Luftangriff meldet der »Wehrwirtschaftsoffizier« aus Heilbronn ein »Totalschadensgebiet von 2 × 3 Kilometer«. Mit der Zerstörung des Gaswerks stellen im März 1945 die letzten Betriebe ihre Tätigkeit ein. Schwabens Liverpool ist ein Trümmerfeld.

Nachkriegszeit. In Ruinen, Kellern und Baracken beginnt nach 1945 das Geschäftsleben. Mit Schwarzmarkt, Hamstern und Tauschringen wird die Not überbrückt. Alte und neue Betriebe entstehen. Mit der Währungsreform 1948 gibt's eine gesunde DM-Grundlage. Die Heilbronner fangen von vorne an.

Brauereiarbeiter 1903: Erfolgreich hatte ihr Heilbronner Zweigverein nach der Gründung 1893 für den Zehnstundentag, höhere Löhne und Aufhebung des Kost- und Logiszwangs im Betrieb gestreikt. Ein Brauherr meinte damals, »sechs Stunden Ruhezeit pro Tag« seien »hinreichend, weil bei längerer Ruhe zuviel Zeit zur Selbstbildung bleibt, was nicht erwünscht und notwendig ist«

Treffen deutscher Mühlenarbeiter 1901. Der Verband süddeutcher Mühlenarbeiter war 1894 unter dem Vorsitz des einheimischen Kollegen Stapf in Heilbronn gegründet worden. Gewerkschaft Nummer 1 im Unterland war der »Lokalverein der Internationalen Gewerksgenossenschaft der Schuhmacher«, der sich 1870 gebildet hatte

Denzel Eßlingen · Baumgartner München · Taubert Altenburg · Stapf Heilbronn · Bühler Halle · Klingler Nürnberg · Umbreit Hamburg · Rabe Hamburg · Porzner Erlangen · Rummel Nürnberg · Ostwald Berlin · Hötzendorfer Eßlingen · Hapke Leipzig · Diroll Ludwigshafen

Kemstedt Hannover · Hoffmann Erfurt · Vogt Bautzen · Remmele Ludwigshafen · Käppler Altenburg · Westfehling Lübeck · Thiele Löbtau-Dresden · Seitz Heilbronn · Sauer Berlin · Hermann Speyer

Appelt, Frankfurt

Verarbeitung von Kohlrüben in der Knorr-Werkshalle um 1910. Die fruchtbare Umgebung bedeutete einen großen Vorteil; Gemüse und Hülsenfrüchte wurden von den Bauern aus dem Unterland bezogen, das Getreide kam aus Hohenlohe

Fleischerei 1900. Frauen schneiden Speck für die legendäre Knorr-Erbswurst

Nudelpackerei 1910. Mit über 2000 Kunden stand Knorr im ständigen Kontakt. Um die Jahrhundertwende wurden täglich bis zu 50000 Pakete mit Fertiggerichten versandfertig gerichtet. In manchen Abteilungen arbeiteten fast nur Frauen

Die größte Küche

Es duftet nach Tomatensoße; das rötliche Gemisch dampft in einem großen Kochkessel. Über eine Schütte purzeln Teigtaschen auf den Fülltisch. Eine Frau sorgt mit gelben Gummihandschuhen für die richtigen Portionen. Heute gibt's Ravioli, eines von vielen Fertiggerichten, die 1987 bei Knorr im Südviertel gekocht, gebakken, abgefüllt, verpackt und in alle Welt verschickt werden.

Mit der Cichorien-Caffee-Fabrik C. H. Knorr hat Carl Heinrich Theodor Knorr aus Meerdorf bei Braunschweig 1838 am linken Neckarufer vor dem Brückentor den Grundstein für ein Weltunternehmen gesetzt. Statt des teuren Kaffees aus Südamerika läßt er die Wurzeln der Zichorien zum Kaffee-Ersatz zermahlen, verfeinert mit Mandeln und Eicheln; preisgünstig kann man Kaffee als Ausdruck gehobenen Lebensstils genießen. Gleichzeitig wirkt Knorr als Großhändler für Landesprodukte und Dörrobst. Daß dies alles in Heilbronn stattfindet, liegt wohl an der Ehe mit der Heilbronnerin Karoline Seyffardt, die Knorr nach dem Tod seiner ersten Frau geheiratet hat.

Obwohl der Handel mit »Fein fein deutscher Caffee in ordinär gelbem Papier mit Rösschen« und anderen Markenartikeln bis in die Schweiz blüht, verkauft Knorr 1855 den Betrieb. Der Kaffeemahler versucht sich als Tuchhändler, kehrt aber 1859 zu den Landesprodukten zurück und erweitert den Großhandel bis nach Ungarn. Nachdem der siebzigjährige Firmenchef im Deutsch-Französischen Krieg 1870/71 nach Straßburg gefahren ist, um den Markt im Elsaß auszuloten, kommt er mit der Idee zurück, genau wie die Franzosen die Suppen fabrikationsmäßig zu produzieren und lecker zu würzen.

Unter seinen Söhnen Carl und Alfred Knorr kocht das Suppengeschäft über. 1884 beginnt die Umsiedlung von der Inneren Rosenbergstraße zum heutigen Fabrikgelände. Ab 1885 entstehen Filialen im Ausland. Das Unternehmen ist schon 1899 in eine AG umgewandelt worden: C. H. Knorr AG Nahrungsmittelfabriken, von deren Aktienkapital 80 Prozent in Familienbesitz geblieben sind. Knorr bereichert den Speisezettel mit immer neuen Fertiggerichten und Spezialitäten, macht Geschichte auch in Sachen Verpackung. Die Belegschaft in Deutschlands größter Küche wächst auf 1000 (1899), 1300 (1914) und fast 2000 Köpfe

Knorr im Südviertel vor 1900: Verwaltungsbau mit dem berühmten Türmchen und Pferde- und Ochsengespanne für den Transport

Die Knorr-Schmiede um 1912. Stolz haben sich die »Knorrianer« mit ihren Werkzeugen und stattlichen Bärten aufgestellt

Knorr-Versand um die Jahrhundertwende

Vesperpause in der Kantine 1915

Achtung, Aufnahme! Die Abteilung Eiernudeln 1898. Meistens trugen die Frauen und Mädchen einheitliche Kleidung

(1939), darunter viele Frauen. Alle sind sie stolze »Knorrianer«. Nach der Umstellung der Suppen auf Würfelform (1910) verteilt Carl Knorr die Neuheit selbst bei Spaziergängen im Städtle.
Legendär der Siegeszug der Knorr-Erbswurst (1889)! Die von Küchenchef Grüneberg aus Berlin »erfundene« und in Wurstform gepreßte Suppe wird heute noch fast unverändert aus Erbsmehl, Fett und Gewürzen hergestellt. Bei den Nordpolexpeditionen 1893/96 hat Nansen auch Knorr-Produkte im Gepäck.
Zu den amüsantesten Kapiteln gehört, daß »Suppen-Knorr« im Ersten Weltkrieg als Spion verdächtigt wird. Laut Bericht der »New York Herald« werde die Plakatwerbung von Knorr in Frankreich gezielt für den Vormarsch der deutschen Truppen benutzt; die Texte beinhalteten verschlüsselte Hinweise auf französische Truppen und ihren Proviant. Der Hinweis »3 Teller 10 Pfg.« bedeute zum Beispiel, daß eineinhalb Meilen südlich dieser Straße eine Geschützbatterie stehe. Daß dieser Bericht nur in New York, aber nicht in der Pariser Ausgabe gedruckt wird, entlarvt die Zeitungsente.
Kriege wirbeln alles durcheinander. Während im Ersten Weltkrieg die Knorr-Firmen in Frankreich und Italien beschlagnahmt werden, kassiert Knorr die britischen Anteile an der Mondamin GmbH, Berlin, nebst den Wahrzeichen Mondamin und Backmonda. Nach Kriegsende stampft Knorr in der Schweiz, in den USA, in Antwerpen und Posen neue Fabriken und Niederlassungen aus dem Boden. Während des Zweiten Weltkriegs steigt der Hunger weit über das Angebot hinaus.
Als »lebenswichtiger Betrieb« kann die zu 50 Prozent zerstörte Firma im Juni 1945 wieder mit der Produktion beginnen. 1959 wird Knorr durch die Fusion mit der Deutschen Maizena Werke GmbH, die 1987 ihren Firmensitz nach Heilbronn verlegt, eine Tochtergesellschaft der Corn Products Company International, New Jersey. Trotzdem: In Heilbronn spricht man (fast) nur von Knorr.

Durchbruch des Lerchenbergtunnels am 25. April 1900. Honoratioren und Arbeiter feiern die Vollendung des 400 Meter langen Tunnels zwischen Gemmings- und Wannental. 1901 wird damit die Bottwartalbahn an den Hauptbahnhof angeschlossen

Fortschritte

Sage einer, die Heilbronner seien nicht helle: Anno 1892 erstrahlt die Bahnhofstraße im Schein der elektrischen Beleuchtung! Das erste Dampfschiff hat man schon 1841 begrüßt, sieben Jahre später schnauft die Eisenbahn daher. Stolz heben am 1. Februar 1886 die ersten 19 Telefonbesitzer den Hörer ab und beglückwünschen sich gegenseitig.
Gerattert und geknattert habe das deichsellose Bernerwägele, auf dem er als kleiner Junge auf der Landstraße zur Neckarau habe mitfahren düfen, berichtet Hugo Jetter über das erste Auto in der Heilbronner Gegend: »Es ist heute noch schade, daß den Erfindern zwar nicht das Benzin, aber das notwendige Geld für die Weiterentwicklung des Teufelswagens ausging.« Konstruiert haben den berühmten »Neckargartacher Wagen« (1893 bis 1900) der Schmiedemeister Göhring und der Mechaniker Franz Steinrück.
Ein Liebling der Heilbronner ist sie geworden, die elektrische Straßenbahn. Am Samstag, 29. Mai 1897, 16 Uhr, schaukeln die ersten festlich geschmückten Triebwagen mit den Nummern 1 bis 3 beim Bahnhof los. Auf der 2,1 Kilometer langen Strecke fahren sie über den Neckar und durch die Kaiserstraße, Allee- und Karlstraße zur Moltkekaserne und wieder zurück zum Fest in der Harmonie.
Während die Spatzenschaukel in immer mehr Viertel vordringt und 1900 in Sontheim ankommt, dauert's zu den anderen Nachbarn länger. Zwei Versuche, mit einem 16sitzigen Motoromnibus (1905) und einem Bus mit Anhänger (1909/10) zwischen Heilbronn und Böckingen zu pendeln, werden nach wenigen Monaten eingestellt. Die »gleislose Straßenbahn« mit Oberleitung, im Volksmund die »Gottlose« genannt, schafft's von 1911 bis 1916. Auf Schienen fährt die Straßenbahn erst 1926 nach Böckingen.
Zwischen Neckargartach und Heilbronn-Sülmertor verkehrt 1912 bis 1923 eine Dampfstraßenbahn, die teilweise die Gleise der Industriebahn (1885) in der Salzstraße verwendet. Weil es zu keiner Einigung mit Heilbronn kommt, machen sich die Neckargartacher selbständig. Mit Freifahrten eröffnen sie am 22. Juni 1928 ihre eigene Straßenbahnlinie »N« auf einer 3,8 Kilometer langen Strecke zur Bahnhofstraße in Heilbronn; für die Betriebsführung ist die Heilbronner Straßenbahnen AG zuständig. Mit der Eingemeindung 1938 von Neckargartach übernimmt Heilbronn die gesamte Anlage.
Mit »Einmal Harmonie bitte!« von Gottfried Bauer liegt eine umfassende Dokumentation über die Heilbronner Straßenbahn vor. Für die Spatzenschaukel, die letztmals am 1. April 1955 zum Trappensee gefahren ist, hat Gerhard Binder in Versen eines der liebenswürdig-wehmütigsten Denkmale gesetzt:

»Spatzenschaukel, gute alte
Rumpelkiste von Heilbronn!
Wenn ich einmal Rückschau halte,
kommst du sicher gut davon.
Voran an deiner Kaffeemühle
stand der Fahrer festgeschraubt,
kurbelnd, klingelnd durchs Gewühle.
Sitzen war ihm nicht erlaubt.
Fuhrst du über die Geleise,
von uns käpselesbestreut,
knatterte es reihenweise.

Automobilverbindung Heilbronn–Böckingen auf dem Marktplatz 1905. Der Sechzehnsitzer pendelte genau wie die zweite Buslinie 1909/10 nur wenige Monate. Nach der »gleislosen Straßenbahn« (1911–1916) fuhr die Spatzenschaukel erst 1926 nach Böckingen

Ach, wie hat uns das gefreut!
Halten mußtest du vor Weichen,
bis die Fahrt per Eisenstab,
den der Schaffner ließ sich reichen,
korrigiert war, dann ging's ab.
Sportlich galt's vor allen Dingen,
eh' der Schaffner kam in Sicht,
noch im Fahren abzuspringen,
unbezahlt. Fein war das nicht!
Fuhr die Schaukel mal zu schnelle
um eine scharfe Kurve 'rum,
konnt' es sein, an dieser Stelle,
daß der Wagen kippte um!
Die Endstation war uns willkommen,
mancher war ein böser Tropf,
eh' der Fahrer konnte kommen,
trat man auf den Klingelknopf . . .
Spatzenschaukel, dreißig Jahre
ist es zwischenzeitlich her,
daß statt dir die Busse fahren.
Trotzdem fehlst du uns so sehr.«

Nicht nur zu Land und Wasser, die Fortbewegung auch durch die Lüfte reizt die Heilbronner. Da tut sich anno 1909 allerhand. Hofrat Bruckmann und Chefredakteur Dr. Ernst Jäckh von der Neckar-Zeitung steigen am 14. März mit dem Freiballon »Württemberg« gen Himmel. Graf Zeppelin fährt am 31. Mai und 31. Juli mit dem Luftschiff »Zeppelin II« über die Stadt hinweg, in der im Vorjahr 20000 Mark für den nationalen Luftschiffbaufonds gesammelt worden sind.

Zu den Passagieren des »Parseval«-Drachenballons, der 1909 in Frankfurt zu einem Rundflug startet, gehören der Stadtrat und spätere KACO-Mitbegründer Emil Bach und Jäckh; neben ihnen steht in der Gondel ein englischer Gardeoberst namens Winston Churchill.

Gleich 62 Mitbürger und die Stadt tragen sich als Mitglieder ein, als 1909 die Ortsgruppe Heilbronn des Luftschiffahrtsvereins gegründet wird. Als erste Pilotin in Württemberg besteht Maritta Schultes aus Heilbronn 1927 die Prüfung als Flugzeugführerin. Unter dem Vorsitz des flugbegeisterten Verlegers Theodor Krämer wird 1929 die Flugzeug-Gesellschaft Heilbronn-Böckingen gegründet; zum Unterländer Flugtag 1931 bei der Eröffnung des Flugplatzes auf den Böckinger Wiesen kommen 9000 Zuschauer.

Wenn's um die »Helden der Lüfte« geht, sind die Heilbronner verwöhnt. Schon am 3. Mai 1925 zeigt Ernst Udet in seinem Schuldoppeldecker U 12 auf der Waldheide atemberaubende Kunststücke. Stadtförster Rolf Rau: »Halb Heilbronn strömte hinauf, um zu sehen, wie Udet mit den Flügelspitzen seines Doppeldekkers im Flug die Taschentücher vom Boden aufhob oder kleine Ballons in der Luft mit dem Propeller zerfetzte.« Anschließend finden Rundflüge in einer Fokkermaschine statt. Bei dem Flugtag 1927 steigt auf der Waldheide erstmals der »D-Zug der Lüfte« hoch; ein Motorflugzeug mit angehängtem Segelflugzeug, das in der Luft ausgeklinkt wird.

Zurück zur Erde. Fabrikant Eugen Kaiser führt am 13. Februar 1924 in seinem elektrotechnischen Büro in der Wilhelmstraße 21a/1 die erste Radioempfangsstation vor. OB Emil Beutinger und die Ehrengäste lauschen verdutzt der Musik und den Reden, die »live« aus England übertragen werden. Bereits am 1. Mai gleichen Jahres gibt's 404 gemeldete Rundfunkteilnehmer in Heilbronn, die natürlich sofort einen Verein gründen.

Aufstieg 1909 mit dem Freiballon »Württemberg« beim Gaskessel. Der Mitfahrer Dr. Ernst Jäckh, Mitbegründer der Luftschiffahrt in Heilbronn, blickt weit in die Zukunft: »Niemand kann die Wunder voraussagen, die wir aufdecken können, wenn die Beherrschung der Luft uns neue Teile des Kosmos eröffnet. Die Eroberung des dritten Elements wird das Schicksal des Menschen bestimmen«

Das »Neckargartacher Auto« um 1905. Das erste Unterländer Auto von Steinrück (rechts) und Göhring (sitzend) hatte 8 PS, fuhr bis zu 40 Stundenkilometer schnell und hatte den ersten zu einem Block gegossenen Zweizylindermotor in Deutschland

Zweimal überflog Graf Zeppelin 1909 mit seinem Luftschiff die Stadt Heilbronn. Das Bild zeigt die Neckarbrücke mit dem Industrierevier dahinter. Das Luftschiff und das »Neckaresel«-Motorschiff links vor dem Wilhelmskanal wurden nachträglich auf die Postkarte montiert, die anläßlich der Luftschiffpremiere herausgegeben wurde

Künstliches Alt-Heilbronn um die Stadtkelter zur großen Ausstellung 1897. Oben eine Postkarte mit Zeichnungen des Ehrenhofs und der alten Harmonie

Mitte: Eröffnung im Ehrenhof

Unten: Postkarte mit Stadtsilhouette und dem legendären OB Paul Hegelmaier, der von 1884 bis 1903 »regierte«

Leistungsschau

Erstaunliches geschieht 1897 an der heutigen Gymnasiumstraße, die damals noch Friedensstraße heißt. An der Schwelle zum 20. Jahrhundert erwacht in einem der größten Industriezentren in Württemberg das reichsstädtische Alt-Heilbronn gleich Dornröschen zu neuem Leben! Für die Kunst-, Gewerbe- und Industrieausstellung vom 15. Mai bis 12. September werden rund um den Ehrenhof vor der Stadtkelter die Wahrzeichen der ehemaligen Reichsstadt als Kulissen aufgebaut. Nostalgie ist der Rahmen für die große Messe, in der Heilbronn die ganze Vielfalt seines Wirtschafts- und Kulturlebens zeigt. Willkommener Anlaß zur Leistungsschau ist das fünfzigjährige Bestehen des Gewerbevereins. Die Stadt hat zu dieser Zeit rund 34000 Einwohner, die in 2300 Wohnhäusern leben, 58 Fabriken mit etwa 9000 Arbeitern und zahllose Handels- und Gewerbebetriebe.

Vom Haupteingang neben der Harmonie führt der Weg durch den Aktiengarten und auf einem fahnengeschmückten Steg über die Friedensstraße zum Ehrenhof. Nach den Plänen von Architekt Karl Luckscheiter stehen hier ringsum als Nachbildungen (siehe Postkarte links oben von rechts): das alte Spital bei der Neckarbrücke, der 25 Meter hohe Turm des Lohturms mit einer Uhr, ein Stück Stadtmauer, ein Fachwerkhaus mit einer Kneippstube und der Wartturm mit dem berühmen »Knopf«. In der Mitte des Hofs verbreiten vier Bogenlampen auf einem Masten »blendendes Licht«.

Attraktionen der Messe sind die technischen Neuheiten: Lokomobile, Hebewerkzeuge oder eine Rotation für den Druck und Falz vier- und achtseitiger Zeitungen; hier wird auch ein Messeblatt gedruckt. Die Kunstausstellung zeigt 400 Werke lebender schwäbischer Künstler und die Afrikasammlung eines Schülers. Vielseitig ist das gastronomische Angebot: Restaurant, Terrasse mit Musik, Café, Varieté, Bierzelt und Weinlokal.

Schwäbischer Gruß

»Leck mich am Arsch, du Stadt der Krämerseelen, ich blas' aus dir heut' meinen Abschiedsmarsch. An Narrenstreichen wird es nie euch fehlen, doch mehr am Licht – leckt mich am Arsch! Der Willkomm einst war fast zu überschwenglich, der Abschied scheint vielleicht zu barsch. Das kommt daher: Wir kannten uns zu wenig, jetzt aber viel zu gut – leckt mich am Arsch!« Mit diesem Gedicht, das hinterher auf seinem Schreibtisch liegt, verabschiedet sich OB Paul Hegelmaier 1903 von Heilbronn.

Der ehemalige Staatsanwalt, der 1884 zum Stadtoberhaupt gewählt wird, gilt als die schillerndste Gestalt unter der Heilbronner OB-Garde. Ständig lebt er im Konflikt mit dem Gemeinderat und vielen Bürgern. Allein bis 1892 wird er 31mal zu Geldstrafen verurteilt, 47 Strafanzeigen stellt er selbst bis 1890. Der Hauptprozeß 1894, in dem es um 93 Anklagepunkte gegen ihn geht, endet mit 100 Mark Geldstrafe und seinem moralischen Sieg; und ist er bei der städtischen Bäder-Reise in Berlin nicht im Bordell gewesen!

Bleiben sein Abschiedsgruß und eine fruchtbare Epoche, in der Heilbronn eine blühende Industriestadt wird und ein neues Straßennetz bekommt. Siehe Götz-Zitat über Heilbronn: »Ein fataler Ort!«

Krawall 1898 auf dem Marktplatz. Nach dem Sieg von OB Hegelmaier bei der Reichstagswahl gegen den »roten Kittler« gibt's Unruhen auf dem Marktplatz, die mit dem Eingreifen des Militärs enden

König Wilhelm II. und Königin Charlotte von Württemberg am 1. Juni 1897 beim Verlassen der Kilianskirche. Links vor der Kutsche Oberbürgermeister Paul Hegelmaier

1912: Militärparade der Füsiliere auf dem Marktplatz zu Königs Geburtstag

Aeltestes Tagblatt Württembergs.

Größte Zeitung des Unterlandes.

Auflage: 18500

Neckar-Zeitung

Heilbronner Tagblatt. Neue Neckar-Zeitung.

Amtsblatt der Stadt Heilbronn sowie der Oberamtsbezirke Heilbronn und Neckarsulm.

Allgemeines Anzeigeblatt des württembergischen Unterlandes und der angrenzenden badischen und hessischen Bezirke.

Sonntag, 2. August 1914.

Mobilmachung.

Russische Truppen auf deutschem Boden.

Der Kaiser.

Kriegstrauungen.

Heilbronn.

Neckar-Zeitung.

Heilbronn, 1. August, nachmittags 7 Uhr.

Sonder-Ausgabe.

Berlin, 1. August, abends 6 Uhr. Soeben hat der Kaiser die Mobilmachung des gesamten Heeres und der Flotte befohlen. Der 2. August ist der erste Mobilmachungstag.

Petersburg, 1. August. Durch kaiserlichen Ukas ist nunmehr der Kriegszustand auch über Finnland und die finnischen Gewässer verhängt worden.

Druck und Verlag der Schell'schen Buchdruckerei (V. Kraemer) in Heilbronn. Verantwortlicher Redakteur Robert Bauer in Heilbronn.

Mobilmachung: Schlagzeilen der Heilbronner Zeitungen im August 1914

Verbands- und Erfrischungsstelle 1914 auf dem Hauptbahnhof. Innerhalb von acht Tagen wurden 75 durchfahrende Truppenzüge mit 25 000 Mann betreut: »Eine Schar schaffensfreudiger junger Mädchen reichen Tee, Kaffee, Limonade, Obst und Zigarren an die mutig und siegesfroh hinausziehenden Krieger«

Erster Weltkrieg

Die Allee ist mit Blumen und Zweigen übersät, Soldaten marschieren vorbei, feldmarschmäßig ausgerüstet mit Tornister, Helm, Gewehr, Bajonett, Eßgeschirr und Feldflasche; vorn im Gewehrlauf, auf den Helmspitzen, in den Knopflöchern stecken Blumen, überall Blumen. Frauen haben sich unter die Soldaten gemischt, viele mit einem Kind auf dem Arm. Der Hauptmann an der Spitze grüßt freundlich mit seinem Degen. Links und rechts drängen sich jubelnde Menschenmassen. »Hurra!« rufen sie und singen mit den Soldaten: »Siegreich wollen wir Frankreich schlagen . . .«

Vor der Mittelschule bestaunt der kleine Bruno Vogelmann (1909) mit großen Augen das fröhliche Treiben: »Noch nie waren die Straßen so geschmückt.« 6. August 1914. Nach einem Feldgottesdienst marschiert das in der Moltkekaserne stationierte Füsilierregiment Nr. 122 unter Oberst von Triebig über die Karlstraße, Allee und Kaiserstraße zum Bahnhof. Mit dem Zug geht's dann weiter an die Westfront nach Belgien.

Am Abend des 1. August 1914 hat Oberbürgermeister Paul Göbel vom Rathaus herab der Menschenmenge auf dem Marktplatz mitgeteilt, daß die Mobilmachung verkündet worden sei. Chefredakteur Theodor Heuss teilt's der vor der Neckar-Zeitung auf der Allee versammelten Bürgerschaft mit: »Der Kaiser hat die allgemeine Mobilmachung befohlen.« Als Echo ertönt »ein einziger Schrei aus aller Munde, ein Hurra!«

Das Rote Kreuz appelliert an die Hilfsbereitschaft: »Hinter die Armee der Waffen muß jetzt die Armee der Liebe treten!« Viele Frauen und Mädchen stellen sich für den Sanitätsdienst zur Verfügung; die Frauenverbände bilden Ausschüsse zur Unterstützung der Familien der ausmarschierten Soldaten. Im Rathaus kann man

Lazarett im Eilgüterschuppen um 1915. Die ersten Hilfsaktionen am Bahnhof wurden geleitet von Frau Buttersack, Rentamtmann Veyhelmann und den Ärzten Dr. Rauth, Dr. Sedlmayer und Dr. Würzburger. Neben dem Krankenhaus Paulinenstraße und dem Militärlazarett Jägerhausstraße bestand das sogenannte Vereinslazarett Dammschule und ein Notlazarett in der Harmonie

Verwundetenheim 1915 des Roten Kreuzes im Münzingschen Haus in der Bahnhofstraße 9

Kartoffelhilfe im Ersten Weltkrieg. Nach dem großen Jubel kam die Not. Vor allem die Ernährung wurde knapp. Ab Oktober 1915 übernahm die Stadt selbst die Kartoffelversorgung. Im Februar 1917 wurden nur noch vier Pfund pro Kopf und Woche abgegeben

Geld und Gold spenden, manche legen ihren Ehering auf den Tisch. Spionagefurcht geht um. Jede Siegesmeldung wird mit Glockengeläut gefeiert.
»Wir grüßen die ersten Zeugen deutscher Schlachten und deutscher Siege!« ruft OB Göbel den 600 bayerischen Reservisten entgegen, die mit dem ersten Verwundetentransport am 22. August auf dem Hauptbahnhof angekommen sind; auch 20 verwundete Franzosen gehören dazu. 400 Mann werden auf die vier Heilbronner Lazarette verteilt, 200 kommen ins Schloß Hornegg in Gundelsheim.
In der Verlustliste am 20. August ist erstmals ein Heilbronner Name aufgetaucht: »Füselier Hermann Losch, vermißt«. Am 29. August beginnt die Nekkar-Zeitung mit der Veröffentlichung einer »Heilbronner Ehrentafel«; als Gefallene werden Oberleutnant d. L. Julius Hahn und Unteroffizier Friedrich Dederer gemeldet, danach folgen sieben Verwundete und sieben Vermißte aus Heilbronn. Der erste deutsche Soldat, der im Heilbronner Lazarett gestorben ist, wird am 30. August beerdigt.
Auszüge aus der Stadtchronik von Friedrich Dürr: 1. Kriegsanleihe ab 10. September 1914, die in Heilbronn rund 6,5 Millionen Mark ergibt. Vier Automobile fahren mit »Liebesgaben« für die Füsiliere in die Argonnen. Bis 19. November erhöht sich die Zahl der Gefallenen auf 138. Zum Fest gehen 11000 Weihnachtsschachteln auf die Reise zu den Füsilieren nach Pzura in Polen.
Lebensmittel werden knapp. Ab März 1915 gibt's Brot und Mehl nur auf Karten. Die Jugendwehr bekommt Übungsgewehre. Königin Charlotte schlägt am 12. Mai gegen eine Spende den ersten Nagel in den »Eisenhart«, einen hölzernen Bildstock unter den Rathausarkaden. Bis Oktober sind 618 Heilbronner an der Front ums Leben gekommen.
Nach zwei fleischlosen Tagen pro Woche folgen 1916 die Zuckerkarten und Bezugsscheine für Web-, Wirk- und Strickwaren, OB Göbel vor dem Gemeinderat: »Auch in das dritte Kriegsjahr treten wir ein: die Köpfe hoch, die Herzen warm, die Hände auf!« Zur Herstellung von Mus fürs Heer wird Obst beschlagnahmt.
20. Oktober: Alarmprobe für den Fall eines Fliegerangriffs. Im Wilhelmsbau und in der Paulinenstraße öffnen Notküchen. »Kriegsvolkszählung« am 1. Dezember 1916: 42683 Ortsanwesende, darunter 5754 Militärpersonen, zu denen 83 Zivil- und 80 Militärgefangene gehören.
Um Kohlen zu sparen, werden im März 1917 Schulen, Kinos, Theater und Wirtschaften geschlossen; die Schüler holen sich vormittags ihre Hausaufgaben ab. Mit der Herabnahme der Kirchenglocken wird im Juli begonnen, um daraus Kanonen zu gießen. In den Straßen gehen im Oktober die Gaslaternen aus.
Mit der Sammlung von Anzügen für die »zurückkehrenden Krieger« wird im Mai 1918 begonnen. Fliegeralarm im Sommer, aber kein Angriff. Das Standbild von Kaiser Friedrich wird eingeschmolzen. Die Stadt gibt Notgeld heraus. Am 29. Oktober 1918 meutern die Matrosen der Hochseeflotte in Wilhelmshaven. Der Erste Weltkrieg geht zu Ende. Heilbronner Bilanz des Todes: 2082 Gefallene.

Frauenhilfe 1914 für die Familien der Soldaten an der Front und der Arbeitslosen. Frauenverbände und Rotes Kreuz sorgen für Näh- und Strickarbeiten gegen Entlohnung und verteilen Wäsche und Lebensmittel. Später heißt es, sie hätten die erste Arbeitsvermittlungsstelle in Deutschland gegründet. Zu den Helferinnen gehört Elly Heuss-Knapp (oben links), die einmal durch ihr forsches Auftreten in Berlin die Wolle für 80000 Socken besorgen kann. Unten die Wäschestube bei Fräulein Brendle in der Lixstraße

Novemberrevolution

»Unser guter König!« hört der kleine Walter Vielhauer (1909 bis 1986) in der Sülmerstraße eine Lehrerin weinerlich zur Kollegin sagen. »Diese Burschen haben ihn einfach abgesetzt!« Die Verwaltung stelle sich »auf den Boden der Tatsachen«, versichert das Stadtoberhaupt in seinem Amtszimmer den Führern der Revolution in Heilbronn. Von militärischen Machtmitteln rate er ab, meint der Standortälteste der Moltkekaserne zum Hilfsersuchen des Gefängnisdirektors aus der Steinstraße; man solle kein Öl ins Feuer gießen. »Nix Latein«, sagt der kleine Rudolf Brauch (1908) zum Onkel, der ihn nach seinem Kenntnisstand gefragt hat. »Jetz isch Revolution!«

Am 9. November 1918 zwingt Reichskanzler Prinz Max von Baden den deutschen Kaiser Wilhelm II. zum Rücktritt; Sozialdemokrat Scheidemann ruft die Deutsche Republik unter dem neuen Kanzler Ebert aus, der Spartakist Liebknecht verkündet die Räterepublik. Gleichzeitig muß in Stuttgart der württembergische König Wilhelm II. seinen Thron für die Republik räumen.

Mit zehn bewaffneten Soldaten betritt am 9. November eine Gruppe von Gewerkschaftlern, SPD-Stadträten und USDPlern, die sich von der SPD abgespaltet haben, das Amtszimmer des Heilbronner Oberbürgermeisters Dr. Paul Göbel. Als Wortführer stellt sich der Gewerkschaftler Ernst Buckel in Uniform als Vorsitzender des Soldatenrats und Friedrich Reinhardt (USDP) als Vertreter des Arbeiterrats vor. Die Revolution sei ausgebrochen, erklärt Buckel, der Arbeiter- und Soldatenrat übernehme auch in Heilbronn die vollziehende Gewalt.

»Mit gemischten Gefühlen« habe der überraschte OB zugehört, schreibt Wilhelm Steinhilber in »Die Staatsumwälzung 1918–1920 in Heilbronn«. Allerdings habe »niemand im Augenblick klar sagen können«, was unter der »Gewaltübernahme« zu verstehen gewesen sei. Jedenfalls erklärt Göbel den Räten seine Loyalität, zumal ihm SPD-Stadtrat Gustav Kittler »Schutz und Sicherheit durch die neuen Organe der Heilbronner Stadt- und Staatsgewalt« zusichert.

Von der Rathausgalerie sprechen die Revolutionsführer zu der Menschenmasse auf dem Marktplatz; 800 NSUler sind am Tag des Generalstreiks hinter einer roten Fahne nach Heilbronn marschiert, die Knorrianer und viele andere Betriebe kommen dazu, auch zur Arbeit abkommandierte Militär- und Strafgefangene. »In Stuttgart wird jetzt um diese Zeit die Republik Württemberg proklamiert«, teilt Reinhardt unter tosendem Beifall mit. Nach weiteren Reden von Karl Baßler und August Hornung wird formell durch Handaufheben der Bildung des Arbeiter- und Soldatenrats zugestimmt.

Mit einer flammenden Rede, in der er an den Sturm auf die Bastille 1789 erinnert, ruft ein Militärgefangener zur Befreiung der Gefangenen im Zellengefängnis auf. Begeistert marschiert die Menge in Zwölferreihen Richtung Steinstraße los. »Da kommen etwa 5000«, warnt OB Göbel telefonisch Gefängnisdirektor Roser. Nach der Ankunft wird verhandelt. Plötzlich heißt's, die Zellentüren seien aufgebrochen worden und die Gefangenen entflohen; dreißig kehren zurück, weil sie keine Bleibe gefunden haben.

Unruhige Tage folgen. Schon seit Oktober geht eine Grippewelle um, der innerhalb kurzer Zeit fast tausend Menschen zum Opfer fallen. Die Revolution reißt Offizieren auf der Straße ihre Rangabzeichen ab. Begeistert wählen die Rekruten ihre Soldatenräte. Kaum Konflikte gibt es zwischen der Stadtverwaltung und den Räten, deren Wünsche berücksichtigt werden und die zwei Geschäftszimmer im Rathaus und 5000 Mark für Unkosten bekommen. Was Revolution und Republik nicht ändern können, das ist die große Hungersnot jener Tage. OB Göbel bittet um Hilfe: »Landwirte! Schickt unseren Kindern und Kranken Milch!«

Die Füsiliere, die am 6. August 1914 unter dem Jubel der Bevölkerung ausgezogen sind, kehren erst am 4. Januar 1919 nach einer Odyssee durch halb Europa zurück. Weil sich ihr Kommandeur von Alberti weigert, die Räte anzuerkennen und die Offiziere zu entlassen, wird das Regiment am 8. Januar 1919 aufgelöst.

Neuer Ärger steht ins Haus, als das Jägerbataillon 13 der Reichswehr am 16. Juli 1919 in Heilbronn aufkreuzt. Weil sich die Jäger weigern, ihre Offiziere abzusetzen, kommt's zu Überfällen im »Spartakuswäldchen« an der Mönchseewiese. Der »Weltstreik des internationalen Proletariats« am 21. Juli endet nach einer Kundgebung auf dem Hammelwasen mit dem »Kasernensturm«, bei dem der 17jährige Adolf Bäuerle aus Böckingen erschossen wird, Nach einem weiteren Todesfall und einem Prozeß beruhigt sich die Szene etwas; die Jäger werden sowieso bald nach Weingarten verlegt.

Die Herrschaft der Soldatenräte geht zu Ende. Die Sicherheitskompanien müssen im Oktober 1919 ihre Gewehre der neuen Polizeiwehr übergeben. Wegen der Unruhen, die sich durch Währungszerfall und Einführung des Lohnsteuerabzugs steigern, werden Anfang 1920 Einwohnerwehren gebildet. Als am 28. August 1920 landesweit der Generalstreik ausgerufen wird, sorgen 100 Mann der Technischen Nothilfe unter dem Schutz der Einwohnerwehr dafür, daß das bestreikte Gas- und Elektrizitätswerk weiterhin die Bevölkerung versorgen kann.

Heilbronner Garnisonsgeschichte in Kurzform: 1804 erste Garnison im Konventshaus der Karmeliten in der Sülmerstraße, 1805 Deutschhof, 1850 Abzug der Soldaten aus dem »alten Friedensnest Heilbronn«, nachdem sich Militär und Bürger in der 1848er-Revolution verbrüdert hatten, 31. März 1883 Einzug des 4. Württembergischen Infanterie-Regiments in Neubau Moltkekaserne (Foto um 1907), 1896/97 Militärlazarett Jägerhausstraße und 1899 Friedens(Garnisons)kirche. Nach 1933 kamen die Schlieffen-/Priesterwaldkaserne (Wharton-Barracks) und Ludendorffkaserne dazu

Sammelaktionen und Schülerspeisung 1915. Immer wieder wurde die Jugend zur Mithilfe aufgerufen. Oben startet eine Klasse mit ihren Schulmützen zu einer Sammelaktion für das Rote Kreuz; dritter von links Pfarrer Stein. Unten gibt's Suppe beim Frauenbund

Goldene Zwanziger

Die reichste Stadt der Welt wäre Heilbronn heute und könnte alle Einwohner zu Millionären machen, hätte sie so viel Geld, wie für sie 1923 gedruckt und am 15. August herausgegeben wird; es handelt sich um 14 Werte von blaßrosalila 500000ern bis zu Eine-Billion-Scheinen graublaurosa. Zusammen haben die Notgeldscheine einen Nennwert von stolzen 133976335950000000 Mark, wie Helmut Friedle ausgerechnet hat. Man kann auch sagen 133 Trillionen, 976 Billionen, 335 Milliarden und 950 Millionen Mark; und das auf den Pfennig genau!

Der Schein bzw. die Scheine trügen. Krisen begleiten die ersten Gehversuche der Weimarer Republik. Deutschland erlebt eine katastrophale Inflation. Wer im September 1923 die Neckar-Zeitung lesen will, muß 500000 Mark für ein Exemplar bezahlen. Aber die Blattmacher werden damit nicht reich; der durchschnittliche Tageslohn liegt zwischen 12 und 15 Millionen Mark, für die man gerade ein Pfund Fleisch kaufen kann.

Selbst der ärmste Heilbronner wird auf dem Papier zum Milliardär. Im November 1923 kostet ein Ei etwa 320 Milliarden Mark, vielleicht auch ein paar Milliönchen mehr oder weniger. 1500 Heilbronner Haushaltungen bekommen Fürsorgeunterstützung; eine Person erhält 830 Milliarden, für eine Familie mit vier Kindern gibt's 1660 Milliarden. Der Dollarkurs steigt am 28. November auf 7,2 Billionen Mark, und für die vier Lokalzeitungen, die diesen Kurs notieren, muß man 100 Milliarden hinblättern.

Mit der Ausgabe der Rentenmark zum Kurs von 1 zu 1 Billion wird am 16. November 1923 das Ende der Inflation eingeleitet; 1924 folgt die goldgebundene Reichsmark. Deutschland atmet auf. Kommen jetzt die »goldenen Zwanziger«? Gerd Bucerius sieht's in der »Zeit« so: »Die Währungsreform 1924 bescherte der anspruchslos gewordenen Nation einigen Wohlstand, den man als Reichtum empfand.« Aber »ohne daß wir es sahen, blutete Deutschland unter der Wohlstandsdecke aus«. Das Ergebnis? »Als nach dem Schwarzen Freitag in New York (24. Oktober 1929) die Amerikaner ihr Geld zurückforderten, gab's den Kladderadatsch, in dem schließlich die Demokratie unterging . . .«

Der »gemeingefährliche Bandit« (Stadtrat Buckel), der aus dem Durcheinander aufsteigen wird, erscheint schon am 15. Mai 1926 in Heilbronn. Adolf Hitler spricht an diesem Abend in der Harmonie zum Thema »Wesen und Ziele des Nationalsozialismus«. Vorher gibt's Zunder.

Freizeit in Alt-Heilbronn. Schmunzelnd nahm der Karikaturist »Ipf« in der Neckar-Zeitung zwischen 1927 und 1933 den Heilbronner Alltag, seine Originale und die Träume der Menschen aufs Korn. Die Badenden im Kleinäulein, der »Ritzenspickler« beim Licht-Luft-Bad, die Ausflügler und der Wengerter, sie alle verewigte er in köstlichen Bildern. Wer sich hinter »Ipf« verbarg, war lange Zeit ein Geheimnis

Mit dem Zug trifft nachmittags ein badischer SA-Trupp ein und marschiert trommelnd und pfeifend stadteinwärts. Plötzlich geht's nicht mehr weiter. Heilbronner Hitler-Gegner haben die Neckarbrücke besetzt. Reichsbanner, die Freie Turnerschaft Jahn, Gewerkschaftler, Kommunisten, Liberale, Arbeiterjugend, Rotfrontkämpfer, sie alle wollen den Nazis den Zutritt in die Stadt verwehren.

Bei der Schlägerei wird ein SA-Mann aus Eberbach beinahe in den Neckar geworfen. Wegen der Ähnlichkeit seiner Physiognomie mit Bärtchen habe man geglaubt, »das ist der Hitler«, berichtet ein Augenzeuge; dann habe man den Irrtum bemerkt und verzichtet: »Wenn er's gewesen wäre, hätten wir's getan!«

Abends findet die Veranstaltung dann

doch statt, nachdem weitere SA-Trupps aufgetaucht sind. Über den Vortrag von Hitler, der auf Schleichwegen unbehelligt den Saal betreten hat, heißt es im Neckar-Echo: »Sein Temperament, sein bohrender Fanatismus peitschten die Windjakkenjünger auf, die unzählige Male in wilde Heilrufe ausbrachen.« Weil die Gegner die Harmonie abriegeln, müssen zahlreiche Zuhörer im Saal übernachten und können erst anderntags heimfahren. Der Gemeinderat verabschiedet nach dem »Affentheater« eine Resolution mit der Forderung, daß Hitler in Württemberg genauso mit Redeverbot belegt werden soll wie in anderen Ländern. »Hitler und seine Bande lehnen wir in unserer Stadt ab«, wettert Stadtrat Buckel bei einer Anti-Hitler-Kundgebung.

Wo sind sie, die »goldenen Zwanziger«? Am meisten spürt man davon in den Zeichnungen von »Ipf« und den Begleitversen von »Kilian«, die in der Neckar-Zeitung abgedruckt werden. Mal liebevoll, dann spöttisch karikiert »Ipf in allen Gassen« die Heilbronner Gesellschaft mit all ihren Mucken und Alltäglichkeiten. Dem »Zille von Heilbronn« sein Milljöh sind ebenso die prominenten Köpfe wie der Oberkontrolleur der Straßenbahn, 's Gemüse-Rickele vom Hafenmarkt oder die Badenden im Kleinäulein.

Erst nach einem Jahr erfährt die Öffentlichkeit, wer da mit spitzer Feder wirkt: »Ipf«, der Zeichner, das ist der Pädagoge Hermann Siegmann (1896 bis 1974), seit 1920 auch Vorsitzender der 1906 gegründeten Ortsgruppe Heilbronn der Deutschen Friedensgesellschaft, und »Kilian« steht für den Philologen und Klimatologen Dr. August Köhler (1880 bis 1970).

Kühne Illusionen 1927. »Ipf schafft den mondänen Volkspark« nannte der Karikaturist 1927 diese Zeichnung. In der Mitte ein autofreier Kiliansplatz, unter der Kaiserstraße führt ein Tunnel zur Allee, im Hintergrund die Friedenskirche, rechts der Flughafen auf einem Hausdach. Noch heute träumen die Stadtplaner von einem solchen Tunnel

Im Vorwort zu »Heilbronn – wie Ipf es sieht, begleitet von Kilian« heißt es: »Bist Du in Heilbronn geboren, dann erhältst Du zunächst, wenn Dich die erfreute Mama zum Herrn Stadtarzt bringt, einen freundschaftlichen Klaps auf den Popo und wirst als strammer Junge in die Welt der Heilbronner Gefahren entlassen, denen Du Dich gegenübersiehst, wenn Du aus den Windeln und den Spazierfahrten auf den Wartberg entwachsen bist.

Eines Tages rauchst Du in einem verborgenen Weinberghaus Deine erste Zigarette. Dann sieht Dich der besorgte Herr Papa auf der Kaiserstraße mit den Backfischen promenieren, und da Du um diese Zeit schlechte Zeugnisse mit nach Hause bringst, können die Folgen nicht ausbleiben. Eines Tages findest Du Dich oder hast Dich gefunden oder bemerkst Deinen Sohn auf dem Drehschemel der Firma Fuchs, Coy oder gar Hagenbucher, Knorr oder Bruckmann wieder. Nicht lange danach wird es zu einer stürmischen Abschiedsszene auf dem Bahnhof kommen, bei der Mutter weint, Vater nach Fassung ringt und Dir selber nicht ganz wohl ist (oder gewesen ist).

Nun, mein Freund, hast Du Heilbronn verlassen und stehst sozusagen im Trubel der Großstadt, vielleicht gar der großen Welt, wird Dir erst so recht aufgehen, was in dieser Stadt eigentlich los war!«

Als der Publizist Will Schaber 1985 mit dem Heilbronner Ehrenring ausgezeichnet wird, preist er das »geist- und kulturfreundliche Heilbronn« der zwanziger Jahre: »Unvergessen bleibt mir die Matineé, in der Hans Franke mich und viele zu Hölderlin führte; unvergessen die Orgelkonzerte Professor Schäffers mit den brausenden und tanzenden Fugen Johann Sebastian Bachs; unvergessen die ›Peer-Gynt‹-Aufführung des Heilbronner Stadttheaters: Das Orchester war hoch droben in der Kuppel plaziert, und die oft triviale Musik Edvard Griegs klang wie Sphärenmelodie.« Zu den Höhepunkten zählt er neben der Aufführung des »ungestrichenen Götz von Berlichingen«, der Trauerrede von Theodor Heuss für Friedrich Naumann von der Kilianskanzel und »kühnen« Kunstausstellungen einen »Sonntagnachmittag auf der damals noch lieblichen und friedlichen Waldheide, wo August Lämmle und Wilhelm Schussen aus ihren Werken lasen«.

Zwischen Krisen und Kultur amtiert Professor Emil Beutinger als tatkräftiger Oberbürgermeister. Der Sproß einer der ältesten Heilbronner Familien, Architekt und Mitbegründer der Handwerks- und Kunstgewerbeschule Wiesbaden ist erstmals 1921 und dann 1931 auf Lebenszeit zum Stadtoberhaupt gewählt worden.

Neckar-Echo

Tageszeitung fürs werktätige Volk

Verboten!

Durch Verfügung des Württembergischen Innenministeriums - gezeichnet Bolz - wurde

12. März 1933. Morgens um 7 Uhr besetzt ein SA-Trupp die SPD-Zeitung Neckar-Echo. Bereits am 7. März war das Blatt mit der Schlagzeile »Verboten« und nur einer Seite erschienen. Links das Verlagshaus an der Allee, rechts Wachposten vor dem Eingang

NS-Zeit

Unbekannte hissen auf dem Kiliansturm in der Nacht zum 31. Januar 1933 eine Fahne mit dem Hakenkreuz. Reichspräsident Hindenburg hat tags zuvor Hitler zum Reichskanzler ernannt. Den Hintergrund bilden sechs Millionen Arbeitslose; im Bezirk Heilbronn sind nach einem Höchststand von 12246 (März 1932) noch etwa 11000 ohne Arbeit.

Die »Machtübernahme« löst Jubel und Proteste aus. »War das ein Glücksgefühl«, jauchzt das Heilbronner Tagblatt der NSDAP, »als wir zum erstenmal nachts in der Neuen Post an der Allee durch den Rundfunk das Horst-Wessel-Lied von einer Reichswehrkapelle hörten, und wie die Berliner dem Führer zujubelten.« Partei und Stahlhelm feiern mit Fackelzug. Dagegen läßt OB Beutinger die Fahne herunterholen; die Eiserne Front demonstriert gegen Hitler.

Heilbronn verteidigt sich bis zuletzt als »Hochburg der Demokraten«. Auf Reichsebene ist die NSDAP seit 1932 stärkste Partei. Aber in Heilbronn bleiben die Sozialdemokraten die Nr. 1; bei freien Wahlen schaffen's die Nazis nie.

Mit dem HSt-Buch »Die vermißten Ratsprotokolle« liegt ein interessantes Zeitgemälde der lokalen NS-Epoche vor. Anfänge werden in einem Jugendbund (1922) gesehen. Zu den 14 Toten beim Putschversuch Hitlers am 9. November 1923 in München gehört zufällig der Passant Karl Kuhn aus Heilbronn; daß ihn die NSDAP als einen ihrer »Helden« feiert, nennt man Geschichtsklitterung.

Den ersten NS-Wahlerfolg erzielen Heinrich Gültig, Hugo Kölle und Alfred Fa-

16. März 1933. SPD-Stadtrat Ernst Riegraf wird auf dem Weg zum Gemeinderat auf dem Marktplatz von NS-Anhängern verprügelt und in Schutzhaft abgeführt

21. März 1933. Während Hitler in Potsdam den Reichstag eröffnet, wird NSDAP-Mitglied Heinrich Gültig (am Rednerpult) statt des gewählten Oberbürgermeisters Emil Beutinger als »Staatskommissar« eingesetzt und später zum OB ernannt

ber 1931; sie gewinnen 3 der 30 Sitze im Gemeinderat: SPD 11 (vorher 12), Deutsche Demokratische Partei 8 (10), NSDAP 3 (0), Vereinigte Rechte 3 (6), Zentrum 2 (1), Kommunisten 2 (1), Christlich-Sozialer Volksdienst 1 (0).
»Komödie« (Neckar-Echo) und »Kulturschande« (Abendzeitung) nennt die Presse, was sich die NS-Stadträte erlauben. Bevor Rechtsanwalt Dr. Siegfried Gumbel 1932 als neuer DDP-Stadtrat vereidigt wird, verläßt das Trio unter Protest den Saal. Als Angehöriger der jüdischen Rasse, so sagen sie, dürfe Gumbel kein öffentlich-rechtliches Amt an einer deutschen Behörde bekleiden. Der OB rügt die NS-Ideologen mit Ordnungsruf.
Nach der »Machtübernahme« beginnen die Übergriffe der mehr als 1000köpfigen SA unter Standartenführer Fritz Klein gegen jüdische Mitbürger. Dem Reichstagsbrand folgt die Hatz auf Kommunisten und Hitlergegner, von denen 60 Mann ohne Urteil am 28. März ins KZ Heuberg gekarrt werden. NS-Zentrale ist das »Braune Haus« in der ehemaligen Goppeltschen Villa beim Fleiner Tor. Hans Franke: »Hier wurden die Gegner des Systems, aber vornehmlich Juden von Heilbronn und auswärts, mit Faustschlägen, Fußtritten, mit Stahlruten und Schlagringen bearbeitet.«
Bei der Reichstagswahl am 5. März 1933 gewinnen NSDAP (44 Prozent) und die Kampffront Schwarz-Weiß-Rot (8 Prozent) auf Reichsebene die absolute Mehrheit. In Heilbronn sind's nur 39 Prozent. Die SPD (9625) führt gerade noch mit 27 Stimmen vor der NSDAP (9598); dahinter folgen Kommunisten (2863), Schwarz-Weiß-Rot (2294), Zentrum (1967), Demokraten (1862), Christlich-Sozialer Volksdienst (1261), Bauernbund (547) und Deutsche Volkspartei (380).
Schlag auf Schlag geht's weiter. Noch lehnt der Gemeinderat am 6. März den NS-Antrag auf Ausschluß der Kommunisten ab. Die SPD-Zeitung Neckar-Echo erscheint am 7. März mit der Schlagzeile »Verboten!«; die Vereinsdruckerei wird am 12. März von der SA besetzt und zum neuen Druckort fürs NS-Tagblatt.
In der Sitzung des Gemeinderats am 16. März fehlen einige Stadträte der SPD und der Kommunisten; sie sind festgehalten, teilweise verprügelt und in »Schutzhaft« abgeführt worden. Demonstrativ stellen sich im Ratssaal zwei SA-Männer hinter den Stuhl des 1. OB-Stellvertreters Karl Wulle (DDP). Von OB Beutinger liegen

1. April 1933. Jüdische Geschäfte, Rechtsanwälte und Ärzte werden boykottiert. SA, SS und Hitlerjugend versperren die Eingänge und stellen Transparente auf. Wohlwert in der Sülmerstraße war der erste Einheitspreisladen in Heilbronn

25. April 1933. Unbekannte Täter werfen gegen 17.15 eine Bombe in das Landauer-Schaufenster in der Kaiserstraße. Das jüdische Geschäft ist 1911 als erstes Heilbronner Warenhaus eröffnet worden

1. Mai 1933. Am ersten »Tag der nationalen Arbeit«, der von Hitler zum gesetzlichen Feiertag erklärt wurde, marschieren in Heilbronn rund 40000 Menschen durch die Innenstadt und die Bahnhofstraße zur Böckinger Festwiese

zwei Briefe vor; einmal teilt er mit, er sei krank, werde aber sein Amt bald wieder ausüben können, im zweiten Schreiben heißt's, er habe um die Einsetzung eines Staatskommissars gebeten.
»Sieg Heil!« Zum erstenmal erklingt Hitlers Gruß im Rathaus. »In Anpassung an die neuen Verhältnisse« wird Heinrich Gültig (1898–1963) zum neuen 1. OB-Stellvertreter bestellt. Aber bei den Anträgen, dem jüdischen Rechtsanwalt Max Rosengart das 1930 verliehene Ehrenbürgerrecht abzuerkennen und Dr. Gumbel aus dem Gemeinderat auszuschließen, löckt die Mehrheit tapfer dagegen. Die totale Machtübernahme im Rathaus läßt nicht lange auf sich warten; die NS-Regierung ernennt Gültig am 17. März zum Staatskommissar und am 16. August zum OB. Den Gemeinderat hat er schon am 5. April heimgeschickt. Ab 1935 gibt's nur noch von der Partei eingesetzte »Ratsherren« ohne Beschlußfähigkeit.
Der auf Lebenszeit gewählte OB Beutinger wird einfach abgesetzt und wegen Untreue und Betrugs angeklagt. Trotz NS-Hetzkampagne spricht ihn die Große Strafkammer im Deutschhof frei. Ein SA-Trupp überfällt nachts sein Haus im Gemmingstal; wütend zertrümmern die Braunhemden die Einrichtung, weil Beutinger mit einem Sprung durchs Fenster in die Weinberge entkommen ist.
»Meidet die Juden. Kauft beim Deutschen!« Mit solchen Parolen boykottieren SA, SS und Hitlerjugend am 1. April 1933 die jüdischen Geschäfte, Anwälte und Ärzte und versperren Zugänge.
Hinter Hakenkreuzfahne und »Reitersturm« ziehen SA, Betriebe, Organisationen und Vereine mit 100 Festwagen am 1. Mai, den Hitler zum »Tag der nationalen Arbeit« erklärt hat, hinaus auf die Böckinger Wiesen. 162 Autos knattern mit, am Himmel kreist ein Flugzeug. Auf 25000 bis 40000 wird die Zahl der Teilnehmer am »Jubelzug« geschätzt; Heilbronn hat etwa 60000 Einwohner.
Die SPD hat eine Teilnahme abgelehnt, während der Allgemeine Deutsche Gewerkschaftsbund (ADGB) dazu aufruft. Ehrenbürger Albert Großhans: »In Heilbronn war die Enttäuschung (über den ADGB) besonders groß, da ja gerade hier trotz des Zuwachses an Nazistimmen und des wachsenden Terrors versucht wurde, Widerstand zu leisten.«
Am 2. Mai werden die Gewerkschaften verboten und ihre Zentren von der SA besetzt: »Volkshaus« in der ehemaligen »Linde« Ecke Weinsberger/Paulinenstraße und das Haus des Metallarbeiterverbandes in der Gartenstraße (heute DGB). »Der rote Saustall wird jetzt von uns übernommen!« schreit der Obmann der Nationalsozialistischen Betriebszellenorganisation (NSB). Mit vorgehaltenem Revolver werden die Sekretäre gezwungen, Entlassungsurkunden zu unterschreiben; viele werden eingesperrt.

Rote Fahne mit schwarzem Hakenkreuz auf weißem Feld und Braunhemden. Die Nationalfahne des »Tausendjährigen Reiches« und SA-Männer auf der Rathausgalerie

Sie sind zerschlagen, die 23 Gewerkschaften mit 12000 Mitgliedern im Kreis Heilbronn. Nach der NSB tritt an ihre Stelle die Deutsche Arbeitsfront (DAF) mit rund 38000 Mitgliedern.
Die »Arbeitsschlacht« des NS-Regimes führt langsam, aber zielbewußt zum Rückgang der Arbeitslosigkeit. Für die ersten Erfolge im Heilbronner Raum sieht der Historiker Götz Meidinger zwei Hauptgründe. Neben dem Erlaß der Kfz-Steuer für ab 1. März 1933 zugelassene Neuwagen, der einen Aufschwung der Kfz-Industrie auslöst, wird die Zigarrenindustrie, die auf maschinelle Zigarettenproduktion umgestellt hat, mehr oder weniger zu Neueinstellungen gezwungen; allen Betrieben, die bis 16. August 1933 nicht vollständig auf Handarbeit umgestellt haben, droht gesetzlich eine Beschränkung der Produktion.
Statt 10655 Arbeitslosen im März 1933 sind am 31. Mai 1934 im Bezirk Heilbronn nur noch 3414 ohne Arbeit. Für weniger Arbeitslose sorgen außerdem der Bau des Kanalhafens, der 1935 eingeweiht wird, die Einführung der Wehrpflicht 1935, die Rüstungsaufträge auslöst, und ab 1935 der Bau der Autobahn Heilbronn–Stuttgart, die 1940 eingeweiht wird. Als »restlos überwunden« gilt die Arbeitslosigkeit erst Ende Juni 1937: 97 Arbeitslosen stehen offene Stellen »so viele wie nie« gegenüber.
Was die Schilderung der NS-Zeit so schwierig macht, ist das verwirrende Nebeneinander: wirtschaftliche Erfolge, Alltag, Übergriffe und Verbrechen bis hin zum Völkermord, das Leid der aus rassistischen oder politischen Gründen Verfolgten, privates Glück und heitere Idyllen, Stillehalten und Mut.
So ist Heilbronn seit 1935 wieder Garnisonsstadt. Conrad Heuss (1914–1945), Sohn des Stadtarztes Dr. Ludwig Heuss, dient als Berufsoffizier in der Schlieffenkaserne. Bei den Soldaten ist der »Conner Heuss« beliebt, die Mädchen schwärmen von dem schneidigen Leutnant im Dixie. Einmal kommt Heuss vormittags vom nächtlichen Fasching im Mathildenbad in Wimpfen mit Cut, Vatermörderkragen und Papierzylinder zurück. »So kannst du nicht in die Kaserne!« mahnen die Freunde. Heuss lacht. »Ich kann alles!« Die Wache am Haupttor salutiert. »Guten Morgen«, grüßt der Leutnant im närrischen Gewand. Auf dem Kasernenhof strömen die Soldaten herbei, um Heuss mit Zylinder zu sehen. Die Unteroffiziere stehen stramm, machen Meldung. Heuss trägt's mit spitzbübischer Würde: »Danke. Weitermachen!«
Am 1. September 1939 beginnt der Zwei-

Naziprominenz in Heilbronn. In der Siegerpose kommt Hitler am 20. März 1935 zum zweitenmal auf der Durchreise in die Stadt, die ihn 1926 noch als »gemeingefährlichen Banditen« beschimpft hat. Die Allee wird in Adolf-Hitler-Allee umbenannt. Schon im Mai 1934 ist der oberste SA-Führer Ernst Röhm gekommen. Als der »Verschwörer« Röhm am 30. Juni 1934 auf Befehl Hitlers erschossen wird, beeilen sich die Heilbronner NS-Prominenz und SA, dem »Führer« ihre Treue zu bekunden. »Führer«-Stellvertreter Rudolf Heß trägt sich am 18. März 1936 ins Goldene Buch der Stadt Heilbronn ein

»Käthchenzug« auf der Neckarbrücke

Fahnenschmuck in der Lohtorstraße

te Weltkrieg mit dem deutschen Angriff gegen Polen. Heuss wird 1942 an der Ostfront mit dem Ritterkreuz ausgezeichnet, kritisiert bei seiner Ehrung in Heilbronn die Partei, wettert 1943 an der Kriegsschule Potsdam gegen die deutsche Politik, erklärt den Krieg für verloren und wird am 24. März 1945 als letzter Kommandeur des Heilbronner Infanterie-Regiments 34 bei Danzig von einer Bombe zerfetzt. Thaddäus Troll zählt ihn in »Deutschland, deine Schwaben« zu den »unbequemen Untertanen«.

Heilbronn selbst verliert in der NS-Zeit viel Eigenständigkeit und wird einbezogen in die Uniformität der Diktatur, stellt der Historiker Dr. Wilhelm Hofmann fest: »Die Schlagworte der Zeit werden bis zum Überdruß gedroschen. Man redet, singt, marschiert, fährt und reitet für Deutschland und den Führer, alle Tage.« Der 1932 eingeführte freiwillige Arbeitsdienst wird 1935 zur Pflicht; man korrigiert Bäche und baut den Panoramaweg. 1934 werden die Martin-Luther-Kirche und das Freibad Neckarhalde eingeweiht. Böckingen wird 1933 eingemeindet, Neckargartach und Sontheim folgen 1938. Neue Siedlungen entstehen im Haselter und Kreuzgrund. 1939 wird die Rosenbergbrücke freigegeben.

Als mächtigster Mann amtswaltet das NSDAP-Mitglied Nr. 80730: Richard Drauz (1894–1946), Sproß einer Weingärtnerfamilie, ehemaliger Kriegsteilnehmer 1914–18, Betriebsingenieur, seit 1932 NS-Kreisleiter, ab 1933 Reichstagsabgeordneter und politischer Kommissar für das Oberamt Heilbronn. Neben ihm ist der OB und SA-Standartenführer Heinrich Gültig, der's Bärtchen wie sein »Führer« trägt, nur formell der erste Bürger. »Niggertänze« und »unzüchtige Musik« werden von der Kreisleitung verboten. Drauz & Co. feiern anders. Nach dem Besuch von SA-Führer Ernst Röhm im Mai 1934 betrinkt sich die NS-Prominenz im Ratskeller auf »das Wohl des unbekannten SA-Mannes«. Zur Rede, mit der Drauz danach Turner aus Solothurn begrüßt, meint ein Schweizer Gast, »daß aus diesem Manne der Alkohol sprach«. Das mache einen schlechten Eindruck: »Wenn der Vorstand Läuse hat, so stinkt's im ganzen Verein.«

Wegen des Verhaltens von Drauz gibt's Kritiker in den eigenen Reihen, die sich »Schwarze Hand« nennen und ihm anonym einen zur Schlinge gewundenen Strick schicken. Aber in dem Gaugerichtsverfahren 454/34, bei dem es neben dem Röhm-Gelage auch um amouröse Abenteuer und Unterschlagung von Parteigeldern geht, wird er freigesprochen. Genauso endet ein zweites Verfahren, nachdem er 1935 die jüdischen Adler-Wirtsleute Würzburger und deren Onkel verprügelt hat, weil sich in ihrem Lokal auch Kommunisten treffen.

Das Gaugericht spricht Drauz sogar Anerkennung aus: ». . . hatte er als politischer Hoheitsträger nicht nur das Recht, sondern es war seine verdammte Pflicht und Schuldigkeit, von sich aus und mit den ihm im Augenblick zur Verfügung stehenden Mitteln so rasch als irgend möglich zu handeln und im Interesse von Staat und Partei dem verbrecherischen Gesindel das Handwerk zu legen.«

Nur kurz ist das Gastspiel des NSDAP-Mitglieds Nr. 12517: Dr. Oskar Dirlewanger (1895–1945), später Kommandeur der berühmt-berüchtigten SS-Brigade Dirlewanger. 1933/34 schustert man dem alten NS-Kämpen von 1922 den Posten des stellvertretenden Heilbronner Arbeitsamts-Chefs zu. Zum Abschied wird er wegen eines Sittlichkeitsverbrechens zu zwei Jahren Zuchthaus verurteilt, später aber rehabilitiert.

Unter den 191 jüdischen Gotteshäusern, die in der »Reichskristallnacht« zum 10. November 1938 niedergebrannt werden, ist auch die Heilbronner Synagoge an der Adolf-Hitler-Allee.

Mit Goebbels-Reden und Reichsgesetzen wird Ende 1938 die »Arisierung« eingeleitet. Die NS-Machthaber prellen die jüdischen Mitbürger zu Spottpreisen um Betriebe, Grundstücke und Häuser. Der

NS-Parade auf dem Marktplatz. Kreisleiter Richard Drauz marschiert stramm voran

Startschuß in Heilbronn fällt offiziell am 7. Dezember 1938; aber das Vorliegen einer Liste mit 74 Grundstücken zeigt, daß die Aktion schon lange geplant wird. Die Art, wie man acht »verdiente alte Parteigenossen« begünstigen will, löst sogar Unmut in Berlin aus. Man einigt sich, daß die Häuser zunächst an die Parteigenossen nur vermietet und erst später an sie verkauft werden.

Durch das Euthanasieprogramm zur Tötung von Geisteskranken werden 1939 bis 1941 in Deutschland 105000 Menschen ermordet. 41 von ihnen liegen namenlos in einem Massengrab in Heilbronn. »Ihr Tod ist eine Verpflichtung für uns alle«, heißt es auf einer Gedenkplatte.

Die größte Schmach ihres Lebens erlebt 1941 eine Frau auf dem Marktplatz vor Tausenden von Zuschauern. Hoch droben auf einem Lieferwagen wird ihr Kopf kahlgeschoren, weil sie sich mit einem polnischen Kriegsgefangenen eingelassen haben soll. Die »Sünderin« wird auf einen Stuhl gedrückt, einige bespukken sie, die biblischen Steine fliegen.

Ein junger Mann in Mechanikerkluft säbelt mit einer riesigen Schneiderschere das Haar strähnenweise ab und geht dann zur Feinarbeit über, bis der kahle Kopf wie eine Billardkugel glänzt. »Die Zeit muß wieder kommen«, verkündet er der Menge, »in der solche ehrvergessenen Weiber auf offenem Markt vor versammeltem Rat nackt ausgepeitscht werden!« Nicht alle billigen die Tat. »Wie schön wird es erst«, sagt eine Frau im Weggehen, »wenn auf dem Marktplatz allen Soldaten die Haare abgeschnitten werden, die in Frankreich oder sonstwo eine Liebschaft haben!«

Von der geschändeten Frau, einer Mutter von zwei Kindern, heißt es später, sie habe sich erhängt.

Mit dem Befehl zur »Endlösung der Judenfrage« beginnt am 31. Januar 1941 das letzte Kapitel der Judenverfolgung in Europa. Nachdem bereits mehr als 250 Gesetze und Verordnungen die Juden gedemütigt und ihre Bewegungsfreiheit eingeschränkt haben, kommen die Deportationen. Die erste Gruppe von jüdischen Mitbürgern aus Heilbronn, von denen viele schon vorher ins Ausland geflohen sind, wird am 26. November 1941 abgeholt. In der »Weisung der Geheimen Staatspolizei Stuttgart« zur angeblichen »Evakuierung in den Osten« sind 49 Personen aufgeführt, von denen man zwei wieder gestrichen hat.

Lilli (Sara) Baer (1896), Uhlandstraße 11, Isior Blum (1895), Dammstraße 26/1, und ihre 45 Leidensgenossen werden in zwei Bussen nach Stuttgart transportiert. So diese deutschen Staatsbürger jüdischen Glaubens durch ihre Namen nicht als Juden erkennbar sind, hat man ihnen zwangsweise einen zweiten Vornamen gegeben; die Frauen heißen alle Sara, die Männer Israel. Von Stuttgart geht es mit der Bahn nach Riga; alle werden ermordet. Mehr als 200 Juden aus Heilbronn fallen dem Holocaust zum Opfer.

Die eigenen Leute sind vor dem NS-Regime nicht sicher. NSDAP-Mitglied Willy Fröhle (1899) wird 1944 von Volksgerichtshofpräsident Roland Freisler in Heilbronn zum Tod verurteilt, weil er gesagt hat: »In sechs Wochen ist der Krieg aus. Dann wird das Blut in den Straßen von Heilbronn fließen.«

Die »rote Käthe«, Chefin des Widerstandes, und ihr Ehemann Dr. Karl Kaiser

Sie sind nur wenige, wirken in kleinsten illegalen Gruppen und leben ständig in Furcht vor der Geheimen Staatspolizei; Verhaftung, Folter und KZ drohen. Der Heilbronner Widerstand gegen Hitler wird hauptsächlich getragen von Kommunisten und Sozialdemokraten; aber auch Bürgerliche, Parteilose und Kirchenleute kommen dazu. Ein Aufstand ist nur ein Traum. 1838 ungültige Stimmzettel in Heilbronn bei der Reichstagswahl im November 1933, nachts geklebte Anti-Hitler-Plakate, »Braunbücher« und vorsichtiges Herantasten an Gleichgesinnte sind ihre einzigen Waffen.
Nach dem Transport von sechzig Hitler-Gegnern im März 1933 ins KZ Heuberg folgen weitere Verhaftungen und ein Kommunistenprozeß im November 1934, der mit zwölf Verurteilungen endet. Bereits am 25. April 1935 findet der zweite Prozeß gegen 29 Genossen wegen Vorbereitung zum Hochverrat statt.
»Wer Hitler wählt, wählt den Krieg. Keine Stimme für Hitler!« Diese Parole klebt am 23. März 1936 morgens an Hauswänden und Zäunen. Hinter der Aktion steckt die Sozialistische Arbeiterpartei (SAP), eine linke Abspaltung der SPD, die in Heilbronn unter dem Decknamen »Käthe« arbeitet. Den harten Kern bilden Wilhelm Jaisle, Hellmut Riegraf, Hermann Gerstlauer, Eugen Freimüller und Hermann Hertz, zu denen noch etwa fünfzig »Sympathisanten« gehören.
Das Herz dieser Gruppe ist eine ungewöhnliche Frau, die von ihren Freunden »Sascha« genannt wird und deren Decknamen »Käthe« zum Symbol wird: Sophie Kaiser geborene Witkowsky (1899–1983) aus Berlin, deren Mutter aus einem Adelsgeschlecht stammt. Die überzeugte Marxistin lernt 1925 den Heilbronner Unternehmersohn Dr. Karl Kaiser (1900) bei einer Kur in Arosa kennen und gewinnt ihn für den Kommunismus. Ab 1932 lebt das Ehepaar in Heilbronn, wo er mit seiner Ausbildung als Gerichtsreferendar beginnt.
Die Heilbronner Gesellschaft weiß nichts von der kommunistischen Einstellung der Kaisers; unauffällig steuert sie die Aktionen der Gruppe »Käthe«, er hilft als graue Eminenz. Die Gruppe platzt erst durch die Bemerkung eines angetrunkenen Arbeiters aus Böckingen, der zu einem SA-Mann sagt: »Ihr seid gar nichts. Wir haben sogar einen Staatsanwalt!« Sascha und vier Mitstreiter werden verurteilt, Dr. Kaiser kommt in Schutzhaft, wird aber wegen Krankheit entlassen und kann in Berlin untertauchen.
Manche Namen steigen auf, wenn vom Widerstand in Heilbronn die Rede ist: Bruno Vogelmann, der nach 1934 nur noch hinter Gitter und Stacheldraht sitzt, Wilhelm Schwan oder Gottlob Feidengruber (1901), der 1934 aus dem Oberamtsgefängnis flieht und 1944 bei Paris hingerichtet wird. Der Silberschmied und Widerstandskämpfer Walter Vielhauer (1909–1986) verbringt nach seiner ersten Verhaftung am 3. März 1933 elf Jahre und drei Monate in Zuchthaus und KZ.
Der SPD-Abgeordnete und Journalist Fritz Ulrich (1888–1969) zieht sich zwischen acht Monaten KZ Heuberg (1933) und drei Monaten KZ Dachau (1944) in seinen Heilbronner Weinberg zurück. Scharfzüngig diskutiert er im »Besen« in der Friedhofstraße. Nach 1945 berechnet er als Innenminister sein Alter sarkastisch so, daß er das »Tausendjährige Reich« 1933–1945 mit 1000 Jahren zählt.
Bei den Kirchen gibt es neben Stadtpfarrer Stegmann von St. Peter und Paul und Pfarrer Stein von der Südgemeinde nur wenige mutige Beispiele, insbesondere kaum kritische Stellungnahmen. In einem ungeschminkten Rückblick sieht Schuldekan Kern bei den Protestanten »jedoch einen Erfolg«; Dekan Hoss, der als einziger offen mit den Nationalsozialisten sympathisiert habe, wird von den Kollegen das Vertrauen entzogen, so daß er 1935 die Dekanstelle aufgeben muß.
Zu den Männern des 20. Juli 1944 gehört Dr. Walter Bauer (1901–1968). Der Sohn des Lederwarenhändlers Bauer aus der Sülmerstraße schreibt das Kulturprogramm für den designierten Reichskanzler und Leipziger Ex-Oberbürgermeister Goerdeler. Als Mitverschwörer wird er eingesperrt. Nach 1945 bemüht sich der Liberale um einen Zusammenschluß von DDP und CDU und wendet sich nach dem Scheitern der CDU zu.

»Straße frei am 1. Mai der KPD« schrieben unbekannte Kommunisten in der Nacht zum 1. Mai 1932 in meterhohen Buchstaben auf den Kamin des Krankenhauses in der Paulinenstraße

4. Dezember 1944

»Come in and bomb red T. Is as planned«, befiehlt Master Bomber Maurice A. Smith über UKW-Sprechfunk dem 5. Bomberkommando der Royal Air Force. »Fliegen Sie ein und bombardieren Sie die roten Zielmarkierer nach Plan.«
Die »T. Is«, das sind die von neun Mosquito-Bombern beim Silcherplatz abgeworfenen »Tarquet Indicators«, die ihre Umgebung in ein rotes Feuermeer verwandeln und für 255 Lancaster-Fernbomber das Angriffsziel markieren.
Die »T. Is« zeigen auf Heilbronn.
Montag, 4. Dezember 1944, 19.21 Uhr. Der Luftangriff gegen Heilbronn beginnt. Für den Historiker Dr. Karl-Heinz Mistele gibt es keine Zweifel, daß es sich um einen Terrorangriff gehandelt hat.
Pausenlos donnern die Lancaster über die Stadt hinweg und öffnen ihre Schächte. Fast 900 Tonnen Zerstörung fallen herab. Sprengbomben durchpflügen die Straßenzüge und reißen Häuser ein. Brandbomben setzten den Rest in Flammen.
Die Stadt brennt lichterloh.
In den überfüllten Kellern der Altstadt bangen etwa 12000 Menschen um ihr Leben. Die Erde bebt. Bombe auf Bombe explodiert, mal nah, dann ferne, dumpf, böse. Eine grausame Todesmelodie!
»Das Krachen und Bersten will kein Ende nehmen«, schildert Ruth Klässing (1928) in dem HSt-Buch »Das Kriegsende« die Situation in einem Keller in der Bahnhofsvorstadt. »Der dicke eiserne Schachtdeckel des Notausgangs hebt und senkt sich bei jeder Explosion. Ich dachte, daß gleich die Decke in der Mitte einstürzt.«
In Heilbronn geht die Welt unter.
Die Verteidiger sind hilflos. Fritz Reimer Peters (1928) von der Flak-Batterie Nedel am Kanal: »Wir hatten nur zwei MGs.«
Am Himmel führen 14 deutsche Nachtjäger einen aussichtslosen Luftkampf.
Nach dem Ende des Angriffs gegen 19.50 Uhr kriechen überall Menschen heraus, klettern über Trümmer, hetzen vorbei an brennenden Häusern. Kurz nach 20 Uhr tost ein Feuersturm durch die Stadt. Wer in seinen Wirbel gerät, wird zu Boden geworfen und verbrennt. Aus dem kochenden Asphalt lodert Feuer. Über die Allee rennen lebende Fackeln.
Viele bleiben in den Kellern. Sie glauben sich geborgen unter der Erde und sterben an Kohlenmonoxydvergiftung, weil man ihnen die Wahrheit verschwiegen hat. Seit dem Luftangriff gegen Hamburg 1943 ist

Brennende Stadt am 4. Dezember 1944. Blick vom Bahnhofsplatz in die Weststraße

»Momentaufnahmen des Grauens« von Else Daniel-Stroh. Sie gehört zu den Künstlern, die später versucht haben, die Katastrophe nachzuempfinden

bekannt, daß sich bei Flächenbränden die Luftschutzräume in Gaskammern verwandeln. Aber statt zur Flucht ins Freie zu raten, wird der Luftschutzkeller als sicherster Ort gepriesen.
Heilbronn verwandelt sich in ein Leichenhaus. Als Ernst Fehrenbach (1927) am Tag danach durch die total zerstörte Altstadt geht, sieht er »schwärzliche Gebilde« auf der Allee: »Zuerst dachte ich, es seien verkohlte Äste. Beim Weitergehen sah ich Leichen, bei denen nur die Beine oder der Kopf verkohlt waren. Da wußte ich, daß alles Leichen waren.«
Viele sind bis zur Unkenntlichkeit verbrannt. An einem Waschzuber hängt ein Zettel, der aussagt, zu welcher Hausgemeinschaft die Überreste gehören. Daneben stapeln sich die Leichen, die von Angehörigen und Bergungstrupps aus den Kellern gebuddelt worden sind.
Im Gedenkbuch der Stadt stehen die Namen von 6530 Toten des 4. Dezember. Tatsächlich sind es mehr, ohne daß man es jemals genau erfahren wird. Die meisten werden in Massengräbern am Köpferhang beerdigt. Außerdem sind mindestens 541 Menschen bei weiteren Luftangriffen zwischen dem 14. August 1940 und dem Kriegsende getötet worden.

Nachdem die Deutschen in der Nacht zum 3. April 1945 die Neckarbrücken gesprengt haben, tobt tagelang ein heftiger Kampf um den Flußübergang bei Heilbronn. Die Pontonbrücken der US Army werden immer wieder von der deutschen Artillerie zerstört. Erst ab 10. April sind sichere Überfahrten möglich. Im Hintergrund die zerstörte Götzenturmbrücke, Altstadtufer und Kiliansturm

Die »Hundertmänner« von der 100. Infanteriedivision des 6. US-Corps stürmen durch die Frankfurter Straße zum Angriff gegen die deutschen Verteidiger

9. April 1945. Evakuierung aus dem umkämpften Heilbronn nach Böckingen

Kampf um Heilbronn

»Die Leidtragenden sind wir Heilbronner«, schreibt die Klavierlehrerin Ottilie Fröschle (1905) am 6. April 1945 im Keller in ihr Tagebuch. »Kann man das noch verantworten, solch aussichtslose Sache?« Über das Haus Ecke Wilhelm-/Südstraße heulen Granaten hinweg. »Was gilt unserer Führung überhaupt noch ein Menschenleben? Dieser Wahnsinn!«
Heilbronn ist am Ende des Zweiten Weltkrieges eine Nahtstelle der deutschen Rückzugsgefechte. Zwölf Tage lang wird vom 2. bis 13. April um den Neckar und danach in der Stadt gekämpft. Auf dem Kiliansturm nisten sich Scharfschützen ein. Salzwerk, Brauerei Cluss, Knorr und die Zuckerfabrik werden zu heißumkämpften Festungen, fast täglich wechseln die Frontlinien in den Straßen und Gassen der zerstörten Stadt.
In den Kellern hoffen die Überlebenden des 4. Dezember, daß der Krieg endlich aufhört. Aber um sie herum geht das Schießen weiter. Es ist zum Heulen, was Frauen und Kinder, die Kranken und alten Leute alles durchmachen müssen!
Auf dem Westufer des Neckars steht die 100. Infanteriedivision der US Army unter General Burres (1894–1958) mit 8000 bis 9000 Mann (Günter Beck). Die Deutschen haben alle Neckarbrücken in der Nacht zum 3. April gesprengt. Die Deutschen? Das sind Reste verschiedener Einheiten und das Heilbronner 380. Ausbildungs- und Ersatzbataillon unter Kampfkommandant Weiß und seinem Nachfolger Prior; sie sollen die »Festung Heilbronn« möglichst lange halten.

Die Heilbronner Altstadt gleicht nach dem Kriegsende einer großen Trümmerwüste. Viele bezweifeln, daß diese Stadt jemals wieder aufgebaut werden kann. Text auf dem Schild, das am südlichen Eingang zur Altstadt an der Fortuna-Figur auf dem Brunnen am Fleiner Tor hängt: »Bauschadens-Gebiet. Das Betreten erfolgt auf eigene Gefahr«

Nur Ruinen und Kirchtürme ragen aus dem Trümmerfeld: Blick von der Rosenbergstraße auf die Altstadt

Viele stehen 1945 wie der Stahlgraveur Franz Stadler und seine Frau Agnes vor Trümmern. Zwei Söhne sind an der Ostfront ums Leben gekommen

Mit Sturmbooten schaffen die »Hundertmänner«, wie die GIs der 100. ID genannt werden, am 4. April im Industriegebiet den ersten Brückenkopf auf dem Ostufer. Erbitterte Kämpfe folgen. Am 5. April will Burres einen zweiten Brükkenkopf beim Götzenturm bilden. Immer wieder zerstört die deutsche Artillerie die Pontonbrücken. Erst am 8. April können 24 US-Panzer den Fluß überqueren.
Die Kämpfe gehen weiter, Straße für Straße, Eck um Eck. In der Nacht zum 11. April vereinigen sich die beiden US-Brückenköpfe. Morgens um fünf Uhr müssen die Deutschen die Hauptkampflinie Allee aufgeben. Am 12. April verteidigen die Deutschen die Hügel im Osten. Sontheim »fällt« am 13. April.
Während des Kampfes um die Altstadt werden am 6. April vier Heilbronner Bürger von Landsleuten erschossen. Tatort: Schweinsbergstraße. Den Befehl gibt Kreisleiter Richard Drauz.
Auf den Ratschlag eines deutschen Offiziers, der mit seinem Trupp aus der Stadt flieht, haben Bewohner der Schweinsbergstraße weiße Fahnen gehißt. Als Drauz auf der Flucht Richtung Gaffenberg die Fahnen sieht, läßt er anhalten und befiehlt seinen drei Begleitern: »Raus! Erschießen! Alles erschießen!«
Die Opfer der Willkür: Elsa Drebinger (1899), Karl (1880) und Anna (1883) Kübler und Gustav Beyer (1882).
Die Todesschützen werden 1947 von einem Heilbronner Gericht verurteilt. Drauz wird wegen anderer Kriegsverbrechen von den Amerikanern zum Tod verurteilt und am 4. Dezember 1946 in Landsberg hingerichtet.

Neuer Anfang

Not und Elend im zerstörten Heilbronn 1945 sind unbeschreiblich. Viele Verwandten und Freunde leben nicht mehr oder werden vermißt. Statt 74 214 Einwohnern vor dem Zweiten Weltkrieg zählt man noch 32 200 Menschen in Heilbronn, Böckingen, Neckargartach und Sontheim. Nach den Ängsten und Schrecken des Krieges quälen Hunger, Sorge um ein Dach über dem Kopf und Hoffnungslosigkeit die Überlebenden.
Die Stadt ist ein Trümmerfeld. Niemand weiß, was daraus werden soll. Von 14 350 Gebäuden sind 9000 zerstört oder beschädigt. Zerstörungsrate in Heilbronn selbst: 84,2 Prozent.
In der Altstadt muß man nicht mehr mit Prozenten rechnen; da ist alles kaputt. Manche glauben, daß es diese Stadt nie wieder geben wird; sie denken an eine neue Stadt im Süden.
Aber die Heilbronner geben nicht auf. In dem HSt-Buch »Die schönsten Jahre?« werden Höhen und Tiefen der Heilbronner Nachkriegszeit geschildert.
Noch während der letzten Schüsse beim Kampf um Heilbronn erscheint am 12. April 1945 um 14 Uhr ein Bote der US-Militärregierung bei dem ehemaligen Oberbürgermeister Emil Beutinger: »Kommen Sie um 15.30 Uhr zum Eingang des Luftschutzstollens in der Oststraße!« Um 17 Uhr wird er in sein altes Amt als Stadtoberhaupt eingesetzt.
Provisorisches Rathaus ist das Gebäude Cäcilienstraße 60, das schon nach dem 4. Dezember 1944 für diesen Zweck umfunktioniert worden ist. Zu den ersten Mitarbeitern gehören die Sekretärin Gertrud Kress, der spätere OB Paul Meyle, Polizeichef Dr. Rudolf Brauch, der ehemalige KZ-Häftling Nr. 39282 Walter Vielhauer, der spätere Öhringer Landrat Dr. Fritz Eppinger, der Heilbronner Landrat Hermann Sihler, Rechts- und Personalamtschef Dr. Ernst Nietzer und Stadtpfleger Richard Stieglitz.
»Ruhe und Anstand wahren!« fordert eine der ersten Proklamationen, die US-Stadtkommandant Harry M. Montgomery am 16. April 1945 aushängen läßt. Gleichzeitig wird die Ausgehzeit für die deutsche Bevölkerung auf 7 bis 9 Uhr und 15 bis 17 Uhr eingeschränkt. Schon bald gibt's wieder die seit 1939 bekannten Lebensmittelmarken und Bezugsscheine.
OB Beutinger stellt die Weichen für den Wiederaufbau. Zunächst verhängt er ein Bauverbot für die Altstadt. Gleichzeitig erklärt er alle Bebauungspläne der NS-Zeit bis zu einer Nachprüfung für ungültig. Als neues Hauptgeschäftsviertel entwickelt sich die Wilhelmstraße.
»Die Lage ist so katastrophal, daß der Notstand ausgerufen werden muß«, fordert Arbeitsamtschef Hellmut Riegraf. Aber man findet eine elegantere Lösung: »Ehrendienst« heißt das Zauberwort, mit dem Heilbronn ab 1946 »enttrümmert« wird. Alle männlichen Bürger vom 16. bis 55. Lebensjahr müssen zwölf Tage lang beim Schutträumen helfen; ehemalige NSDAP-Mitglieder haben sechs Tage länger zu schuften. Der mit einer Trümmerbahn transportierte Schutt wird teilweise zum Auffüllen des Neckars und tiefgelegener Gebiete benutzt, aber auch zu neuen Baustoffen verarbeitet.
Eines der größten Kriegsgefangenenlager in Deutschland entsteht auf der Trappenhöhe. In der »Prisoner of War Enclosure 10« auf dem Gelände der heutigen Schanz-Siedlung hausen nacheinander rund zwei Millionen deutsche Kriegsgefangene. Über die Situation in der mit Stacheldraht umzäunten »P. W. E. 10«

Mit dem »Ehrendienst« beginnt der Wiederaufbau: Trümmerbahn in der Kaiserstraße

Dank des Stadtoberhauptes Beutinger für die Mitarbeit beim »Ehrendienst«

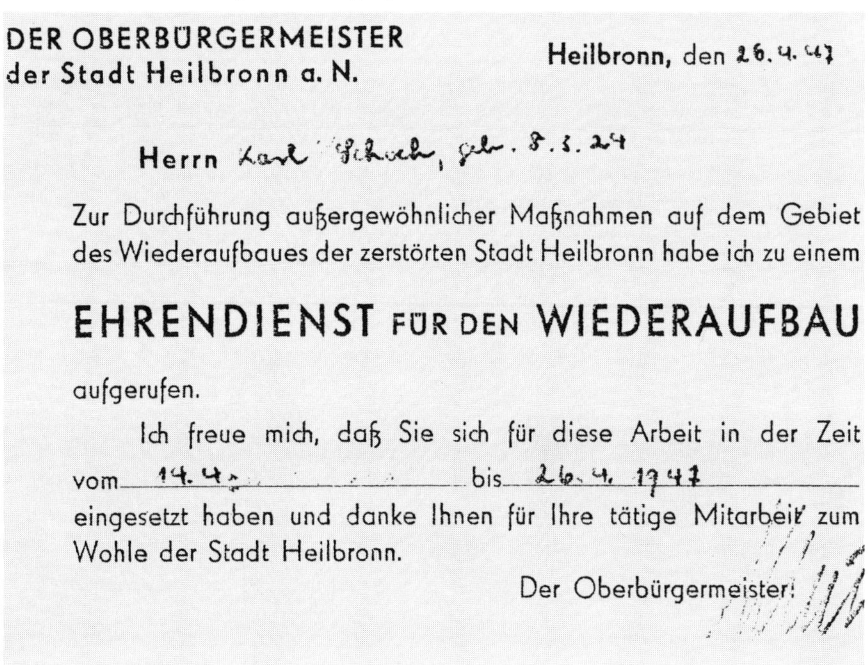

DER OBERBÜRGERMEISTER
der Stadt Heilbronn a. N.

Heilbronn, den 26. 4. 47

Herrn Karl Schoch, geb. 8. 5. 24

Zur Durchführung außergewöhnlicher Maßnahmen auf dem Gebiet des Wiederaufbaues der zerstörten Stadt Heilbronn habe ich zu einem

EHRENDIENST FÜR DEN WIEDERAUFBAU

aufgerufen.

Ich freue mich, daß Sie sich für diese Arbeit in der Zeit vom 14. 4. bis 26. 4. 1947 eingesetzt haben und danke Ihnen für Ihre tätige Mitarbeit zum Wohle der Stadt Heilbronn.

Der Oberbürgermeister:

Mit Notlösungen fängt das zerstörte Deutschland wieder an. Neben der gesprengten Heilbronner Kanalhafenbrücke kann ab Dezember 1945 eine Pontonbrücke benutzt werden. Wer von Heilbronn nach Neckargartach oder umgekehrt mit der Straßenbahn fahren will, muß unterwegs umsteigen und über diese Behelfsbrücke gehen. Die heutige Peter-Bruckmann-Brücke wird an gleicher Stelle am 12. Mai 1950 eingeweiht

schreibt Heinz Kürschner am 12. Juni 1945 in sein Tagebuch aus Klopapier: »⅙ Brot, 1½ Liter Suppe, im Nebenzelt zwei Mann gestorben.«

Notdürftig beginnt der Schulunterricht; oft müssen Buben und Mädchen selbst einen Stuhl mitbringen. Gegen den Hunger helfen zuerst die Quäker; täglich werden 3800 Becher Vollmilch an den Schulen verteilt. Später gibt's die Hoover-Schulspeisung. Begehrt bei groß und klein sind CARE-Pakete mit Lebensmitteln und Textilien.

Im Rahmen des Gesetzes 104 »zur Befreiung vom Nationalsozialismus und Militarismus« ist die Spruchkammer Heilbronn in der Lerchenstraße für 64 237 Männer und Frauen zuständig. Manche sind unverbesserlich. »Heil Hitler« sagt ein Heilbronner nach seiner Zeugenaussage beim Verlassen des Gerichtsaales. Bei 14 917 »Betroffenen« fällt die Kammer in 3806 Fällen eine Entscheidung: 7 Hauptschuldige, 51 Belastete, 391 Minderbelastete, 3267 Mitläufer und 90 Entlastete.

Der Schwarzmarkt blüht an allen Ecken und Enden; Zigaretten werden mehr oder weniger zur Währung. Die meisten Bürger mischen mit oder fahren zum »Hamstern« aufs Land. Als neue Einkaufsquelle entsteht am Silcherplatz ein Tauschring; was man bringt und mitnimmt, wird in Reichsmark verrechnet.

Trotz aller Not geht es irgendwie aufwärts. Wer Brennholz mitbringt, kann am 14. November 1945 im Trappensee-Saal das Theaterstück »Ingeborg« sehen. Ab 28. März 1946 erscheint wieder eine Tageszeitung: Heilbronner Stimme. Mit dem Film »Madame Curie« eröffnen Hertha Segebarth und Adolf Peter Benischek am 26. Juli 1946 im Pflugfelder das erste »Movie«. Für die Währungsreform zum 21. Juni 1948 bekommt man am Sonntag zuvor 40 DM gegen 60 RM.

Nach Beutinger dirigieren im Rathaus ab 1946 Paul Metz und danach Paul Meyle (1948–1967) die Geschicke der Stadt. »Die Altstadt soll heilbronnerisch bleiben!« gilt als oberstes Gebot für den Wiederaufbau, bei dem nur wenige, aber wichtige historische Gebäude originalgetreu aufgebaut werden können. Vor dem Hintergrund, daß der gewachsene Grundriß der ehemaligen Reichsstadt eingehalten werden soll, entsteht die neue Stadt. Gleichzeitig wird im Rahmen der Umlegung die Chance genutzt, Raum für breitere Straßen zu gewinnen.

Als »Wunder von Heilbronn« wird in den fünfziger Jahren der Wiederaufbau der zerstörten Altstadt gepriesen. »Es ist kein Wunder, sondern das Ergebnis einer Zusammenarbeit«, hat dazu OB Paul Meyle einmal gesagt. »Die Leute waren fleißig; und darauf sind wir stolz!«

Nachwort

Wer Heilbronn beschreiben will, des Herz muß überquellen. Was sich draußen in der großen und kleinen Welt ereignet hat, spiegelt sich fast alles in dieser Stadt. Erfolge, Pech und Niederlagen, Höhenflüge des Geistes, Mittelmaß und kleinkarierte Beckmesserei wechseln, die Stadt hat geglänzt, ist geschunden, gequält worden, sie hat den Kopf geduckt und durchgehalten, ist fast zerschmettert worden und doch wie Phönix aus der Asche zu neuem Leben aufgestiegen.

Um den Roman Heilbronns zu schreiben, reiche die epische Kraft Balzacs kaum aus, sagt mein Freund Hans Ulrich Eberle. Professor Dr. Hellmut Riegraf, der sich um die Stadtgeschichte quält, klagt betrübt, vieles werde verschwiegen. Für Oberbürgermeister Dr. Manfred Weinmann sind's nicht nur Schlagworte, wenn er verkündet, Heilbronn sei liebens- und lebenswert. Chefredakteur Werner Thunert drückt's schmunzelnd aus: Wir sind halt a klois Großstädtle.

Heilbronn so wie es war! Da liegt's nun als Buch vor uns. Der Roman dieser Stadt sollte es nicht werden. Balzac bleibt gefordert! Das Buch will in Bildern und Worten einen Eindruck vermitteln, wie diese Stadt und ihre Menschen in alter und jüngster Zeit gelebt haben, wie sich entwickelt hat, was heute ist. Daß der Streifzug durch den Werdegang von Heilbronn schlaglichtartig die deutsche Geschichte offenbart, liegt an der Bedeutung und Lebenskraft einer Stadt wie dieser.

In vielen alten und neuen Schriften wird Heilbronn aus allen Blickwinkeln beleuchtet. Dr. Helmut Schmolz und Hubert Weckbach vom Stadtarchiv haben in mehreren Text- und Bildbänden »Geschichte und Leben« von Heilbronn dargestellt; die Große und Kleine Schriftenreihe des Archivs und die Jahrbücher des Historischen Vereins vertiefen die Eindrücke. Inzwischen reicht auch die Stadtchronik bis Ende Januar 1933.

Die Heilbronn-Buchreihe der »Heilbronner Stimme« wird von dem Verleger und Herausgeber Frank Distelbarth mit besonderer Sorgfalt gestaltet, neuerdings ergänzt durch die Reihe »Serien, Dokumente, Reportagen«. Der Bogen spannt sich von »Heilbronn zur Biedermeierzeit« mit den zauberhaften Lithographien der Gebrüder Wolff bis zur Heilbronner Trilogie über die Zeit 1933 bis 1950; als wahre Fundgrube erweisen sich die Erin-

Neues Leben blüht aus den Ruinen. Die Luftaufnahme aus dem Jahr 1950 zeigt die ersten Neubauten im Trümmerfeld der Altstadt und entlang der Allee. Der eingerüstete Kiliansturm ragt mitten drin empor. Das Rathaus ist noch zerstört

nerungen an »So war das Leben in der alten Stadt« oder »Der Neckar: Schicksalsfluß einer Stadt« von Willi Zimmermann.

Vielfältig fließen die Quellen, aus denen ich geschöpft habe. Besonders vorteilhaft hat sich meine Tätigkeit als Redakteur der »Heilbronner Stimme« ausgewirkt, weil diese Tageszeitung neben der aktuellen Berichterstattung mit zahlreichen Beiträgen und Serien auch zur Aufarbeitung der Vergangenheit beiträgt.

Für den Bildteil hat der unermüdliche Heimatforscher Friedrich Sinzinger sein Archiv zur Verfügung gestellt. Wichtige Aufnahmen sind aus dem Stadtarchiv, dem Dokumentationszentrum der »Heilbronner Stimme« und von vielen Privatpersonen hinzugekommen. Ihnen gebührt ebenso Dank wie dem Droste Verlag, Düsseldorf, der Heilbronn in seine gelbe Städtereihe aufgenommen hat, und der Lektorin Kitty Rehmer, der guten Fee dieser beliebten deutschen Städtebücher.

Was nach dem Gang durch die Historie bleibt, ist Staunen und immer wieder Staunen über das ereignisreiche Leben dieser guten alten Stadt. Abwechselnd leuchten Gipfel, tun sich Abgründe auf, drängen Tapferkeit und Kleinmut, jubiliert laute und bescheidet sich stille Größe, blitzen Reize und Idyllen selbst im Alltag auf. Bei meinen Ermittlungen in Sachen Heilbronn habe ich gelacht und geweint, Hochachtung und Enttäuschung empfunden und mit fortschreitenden Erkenntnissen gemerkt, daß ich nur ein kleiner Pfadfinder bin auf der Suche danach, was man Wahrheit nennt.

Heilbronn, ein deutsches Schicksal!

Für all die unerwähnt gebliebenen Gestalten und Ereignisse sei die Heimkehr des Arztes Dr. Karl Feyerabend aus dem Zweiten Weltkrieg nachgetragen. Im Sommer 1945 ertönt frühmorgens vor dem Wohnhaus der vertraute Pfiff des Vaters. Mutter und beide Töchter rennen in Nachtgewändern in den Garten. Vor ihnen steht ein Mann in zerschlissener Uniform, glücklich fällt sich die Familie in die Arme. Zu Fuß beginnt der Medizinmann mit seinen Visiten zwischen Südviertel und Jägerhaus; »Marathonläufer« sagen die Patienten zu Dr. Feyerabend, für den es keinen Feierabend gibt.

Zu den wenigen Gebäuden von Altheilbronn, die heute wieder originalgetreu stehen, gehört das Rathaus. Bei der Einweihung 1953 singen 12000 Menschen »Nun danket alle Gott«.

Quellen- und Literaturnachweise:

Angerbauer, W., Frank, H. G.: Jüdische Gemeinden in Kreis und Stadt Heilbronn, Landratsamt 1986.
Bauer, G.: Einmal Harmonie bitte! Münster 1986.
Bechstein, H. D.: Die Kilianskirche: Mittelpunkt der Stadt, HSt-Buch 1975.
Binder, G.: Fröhliches Heilbronn, 1978.
Bruckmann, Peter: Entwicklung der Industrie von Heilbronn, 1897.
Distelbarth, F., Heim, W.: Die Stadt zur Biedermeierzeit, HSt-Buch 1970.
Dürr, F.: Stadtchronik 741–1895 und 1896–1921 (zwei Bände).
Föll, W., u. a.: Stadtchronik 1922–1933. Die Anfänge des Kinos in Heilbronn, Jahrbuch 1986.
Franke, H.: Geschichte und Schicksal der Juden in Heilbronn, Archiv 1963.
Freudenberger, G. A.: Heitere Geschichten, Salzer 1928.
Fuchs, U.: Das »Neckar-Dampfschiff« in Heilbronn, Archiv 1985.
Gauss, W.: Heilbronn-Führer 1956.
Gräf, H.: Unterländer Altäre 1350–1540, Städtische Museen 1983.
Graner, E.: Die Reformation in Heilbronn, Archiv 1971.
Großhans, A., u. a.: 100 Jahre SPD Heilbronn 1874–1974, Heilbronn 1974.
Haellmigk, C.: Robert Mayer, HSt 1982.
Heilbronner Stimme: Beiträge und Serien 1946–1987; Buchreihe über Heilbronn; Reihe Serien, Dokumente, Reportagen; Heimat-Beilage Schwaben und Franken.
Heuss, T.: Weinbau und Weingärtnerstand in Heilbronn a. Neckar, 1905.
Heuss-Knapp, E.: Bürgerin zweier Welten, 1961.
Historischer Verein Heilbronn: Jahrbücher 1954–1986.
Hofmann, W.: Geschichte der Stadt Heilbronn 1250–1945, Heilbronn 1960.
Jacobi, U.: Die vermißten Ratsprotokolle, HSt-Buch 1981. Das Kriegsende, HSt-Buch 1985. Die schönsten Jahre? HSt-Buch 1984. Baedekers Heilbronn, 1980.
Jakob, K.: Dialekt und Regionalsprache im Raum Heilbronn, Marburg 1985.
Jung, N.: Der Deutschhof 1805–1974, Schwaben und Franken 1975.
Kempf, G.: Deutschhof, HSt 1983. 100 Jahre Waldheide, HSt 1983.
Klagholz, B.: Die Industrialisierung der Stadt Heilbronn von den Anfängen bis zum Jahre 1914, Archiv 1986.
Klumpp, C.-F.: 100 Jahre Salz aus Heilbronn, Schwaben und Franken 1983.
Laub, A.: Deutschordenskirche im Wandel der Jahrhunderte, 1952.
Meidinger, Götz: Die Entwicklung der Heilbronner Industrie – Vom Ersten Weltkrieg bis zum Beginn der achtziger Jahre, Archiv 1986.
Merian: Heilbronn, 1952.
Mistele, K.-H.: Eine französische Stadtbeschreibung des 18. Jahrhunderts, Jahrbuch 1957. Die Geschichte des Luftangriffs auf Heilbronn, Jahrbuch 1973.
Oomen, H.-G.: Die Pfalz Heilbronn, Jahrbuch 1969.
Reis, Arthur: Der eiserne Steg, 1987.
Ruck, K.: Heilbronn-Führer 1909.
Schilling, S.: 75 Jahre VfR Heilbronn, 1971. 60 Jahre Volksfest, HSt 1986.
Schmolz, H./Weckbach, H.: Geschichte und Leben einer Stadt, Weißenhorn 1973. Die alte Stadt in Wort und Bild (zwei Bände), Weißenhorn 1967.
Schmolz, H.: Grundprobleme der frühen Geschichte der Stadt Heilbronn, Jahrbuch 1973. Weinbau und Landwirtschaft im alten Heilbronn, Jahrbuch 1986. 200 Jahre Heilbronner Vieh- und Pferdemarkt, Schwaben und Franken 1970.
Schreiber, C. L.: Tscherningsches Vergißmeinnicht, 1905.
Siegmann, H./Köhler, A.: Ipf in allen Gassen, 1928.
Sommer, A.: Fritz Wilde, HSt 1987.
Stadtarchiv: Große und Kleine Schriftenreihe.
Stadtverwaltung Heilbronn (Hrsg.): Deutschlands Städtebau – Heilbronn, Berlin 1926.
Steinhilber, W.: Die schwersten Stunden der Stadt, HSt-Buch 1961. Die Staatsumwälzung 1918–1920 in Heilbronn, Jahrbuch 1963.
Theiss, K. (Hrsg.): Stadt- und Landkreis Heilbronn, Stuttgart/Aalen 1974.
Theodor-Heuss-Gymnasium: 350 Jahre Gymnasium in Heilbronn, 1971.
Titot, H.: Beschreibung des Oberamts Heilbronn, 1865.
Twain, M.: Bummel durch Europa, München 1967.
Vogelmann, B.: Erinnerungen an den Ersten Weltkrieg, Aufzeichnungen 1985.
Wachter, J.: Gedichte, 1900.
Weckbach, H.: Das Ende einer freien Reichsstadt, Schwaben und Franken 1957. Heilbronn im »Herbst«, Jahrbuch 1969. Eröffnung 1862 der Kocherbahn Heilbronn–Schwäbisch Hall, Schwaben und Franken 1985.
Weingärtner, K. H.: Studien zur Geschichtsschreibung der Reichsstadt Heilbronn a. N., Archiv 1962.
Würstle, E./Distelbarth, F: So war das Leben in der alten Stadt (Frühsorger, C. R., Haag, O., Schäfer, H., Fitzen-Wohnsiedler, M., u. a.), HSt-Buch 1981.
Zeller, W. H.: Heilbronner Kinos, HSt 1949.
Zimmermann, W.: Der Neckar: Schicksalsfluß der Stadt, HSt-Buch 1985. Alt-Heilbronner Fachwerkbauten, Jahrbuch 1960.

Bildnachweise:

Bölz, Eugen: S. 98 o.
Dorn, Hans: S. 38 M.
Eisenmenger, Hermann: 7 o.l.
Frey, Helmut F. W.: 96.
Fuchs, Ute: 61 M.
Gassert, Günter: 53 u., 54.
Gewerkschaft NGG: S. 75.
Hartmann, Immanuel: S. 103.
HSt-Dokumentationszentrum: S. 53 o., 62 u.r., 92, 93, 94, 95 u., 98 u., 99, 101 o.
Jepsen, Lieselotte: S. 37 M.
Knörzer, Karl: S. 66.
Knorr/Maizena-Archiv: S. 74, 76, 77, 78.
Kost, Alfred: 100 M.
Lechler, Siegfried: S. 102.
Luftbild Strähle: S. 33.
Peter, Willy: Titelbild, S. 32 M., 32 u., 39, 41 o., 41 u., 43 o.
Privat: S. 13 o., 17 o., 19 u., 23, 24, 25, 26, 29 o., 32 o., 40, 44, 45 o., 50 o., 67 o., 73 o., 81 o.l., 82 M., 83 u.r., 84 u., 85, 86, 87, 89, 95 o., 95 M., 97, 100 o.
Schoch, Karl: S. 101 u.
Schöchlin, Elfriede: S. 51 u., 52.
Schrennen, Maria: S. 100 u.
Siegmann, Hermann: S. 90, 91.
Sinzinger, Friedrich: S. 5 u., 6, 7 u., 10 o., 13 u., 14 o., 15, 22, 29 u., 30, 36, 37 o., 38 o., 38 u., 41 M., 42, 43 M., 43 u., 45 M., 45 u., 47 M., 47 u., 48 M., 48 u., 49 M., 49 u., 50 M., 51 o., 55, 57 M., 57 u., 58, 59, 60, 61 o., 62 (4X), 63, 64, 65 u., 67 M., 67 u., 68, 69, 70 u., 73 M., 81 u., 82 o., 82 u., 83 u.l., 84 o., 84 M., 88, Stadtplan.
Stadtarchiv: S. 5 o., 7 o.r., 10 u., 14 u., 27, 28, 31, 35, 50 u., 73 u., 79, 80, 81 o.r., 83 o
Strecker, Gudrun: S. 57 o.
VfR-Archiv: S. 65 o.
Wolff, Louis und Fritz: S. 8, 9, 11, 12, 17 u., 19 o., 21, 34, 37 u., 47 o., 48 o., 49 o., 70 o., 71, 72.